사랑은 어떻게 역사를 움직이는가

사랑은 어떻게 역사를 움직이는가

선화공주의 사랑에서
윤심덕의 사랑까지

권경률 지음

머리말

　　역사 이야기를 업으로 삼은 지도 어느덧 10년째다. 2014년 1월 한 경제지에 연재하며 이 일을 시작했다. 대학 시절 전공한 알량한 밑천을 가지고 나이 마흔을 넘어 뒤늦게 역사 칼럼니스트의 길로 접어든 것이다. '대중의 관심사를 주제로 알기 쉽게 글을 써서 독자들이 역사에 재미를 붙이게 해보자.' 당시 내 포부는 이러했다. 보잘것없는 글솜씨와 한 줌의 전공 지식을 믿고 일단 저질렀는데, 지금 생각해보면 얼토당토않은 짓이었다.

　　한국사를 처음부터 다시 공부해야 했다. 밑도 끝도 없이 읽고 생각하고 써나갔다. 차츰 역사학보다 역사 속 '내러티브

narrative'에 빠져들었다. 역사 이야기의 묘미가 행간의 진실에 있음을 어렴풋이 깨달았다. 지난 10년간 사극, 사랑, 노래 등 대중의 관심사를 주제로 다양한 역사 이야기를 해보았다. 사료 고증에 충실하되 재해석과 상상력으로 역사에 숨결을 불어넣고 싶었다. 쉽지는 않았지만 그래도 한눈팔지 않고 나의 우물을 팠다.

인간 세상에서 남녀의 사랑은 언제나 뜨거운 관심사다. 작금의 대한민국도 마찬가지다. 미디어마다 온갖 짝짓기 프로그램이 쏟아져 나와 인기를 끌고, 유명인의 연애나 결혼 소식은 떴다 하면 실시간 검색 순위를 휩쓴다. 사랑은 가장 은밀한 개인사 같지만, 알고 보면 가장 궁금한 세상사다. 예나 지금이나 뭇사람들의 마음을 사로잡는 힘이 있다.

그런데 한국사에서 남녀의 사랑이 갖는 가치는 단순한 관심사를 뛰어넘는 무게감이 있다. 근대 이전에는 당사자가 자유롭게 연애하고 결혼하는 것을 상상하기 어려웠다. 남녀의 만남은 어른들이 정해주는 집안일이었으며, 성性과 혈통은 신분 질서를 떠받치는 사회적 자원이었다. 사랑은 또한 권력의 한 축을 이루며 역사를 움직이는 톱니바퀴로 작동했다.

때로는 사랑으로 권력을 넘보았다. 신라 여인 문희의 대담한 애정 공세는 오빠 김유신과 남편 김춘추를 운명 공동체

로 만들어 삼국통일의 초석을 이루게 했다. 결혼동맹의 힘이
다. 때로는 권력이 사랑을 짓밟았다. 고구려 대무신왕은 호동
왕자와 낙랑공주를 혼인시키고 아들과 며느리를 제물로 삼아
낙랑국을 집어삼켰다. 비정한 정략결혼이다. 사랑이 지나간
자리에는 찬란한 슬픔이 흐른다. 신여성 윤심덕은 근대예술
과 자유연애에 대한 세상 사람들의 편견에 시달리다가 김우
진과 함께 현해탄에 뛰어든다. 〈사의 찬미〉가 배경음악으로
깔린다.

　이 책은 『월간중앙』에 2020년 4월호부터 2022년 3월호
까지 연재한 '사랑으로 재해석한 한국사'를 바탕으로 집필되
었다. 내게는 칼럼니스트로서 존재감을 알리는 동시에 작가
로서 정체성을 자각하는 계기가 된 작품이다. 연재분 24회
가운데 15개 아이템을 엄선해 원고를 수정하고 보완했다. 독
자들의 상상력을 자극할 수 있도록 극적인 이야기 흐름을 취
하고, 남녀의 시각을 바꿔 역사적 대업을 재해석하는 등 여러
가지 흥미로운 시도를 했다.

　이 책에 등장하는 역사 인물들은 대부분 교과서에 나오거
나 익히 알려져 있다. 하지만 사랑이라는 거울에 비춰보면 의
외의 모습이 나타난다. 기록과 기록 사이, 사료의 행간에 감
춰진 그 반전의 진실을 함께 찾아보기를 바란다. 내가 집필할

때 그랬던 것처럼 역사에서 얻는 안목과 통찰이 독자들의 탐독에도 스며들기를 빈다.

지난 10년의 설익은 역사 이야기를 갈무리하는 시점에 책이 출간되어 감회가 새롭다. 남편에게 인생의 복락福樂을 일깨워준 아내와 언제나 아빠를 안아주는 아들에게 내 모든 사랑을 보낸다. 나는 또 한 걸음 내디딜 것이다. 꾸준히 쌓아나가고 서서히 무르익을 것이다. 끝으로 그리운 부모님께 이 책을 바친다.

차례

제 1 장

사랑은 힘이 세다

서동은 왜 공주를 사랑했을까?

● 서동과 선화공주 ●

서자를 왕으로 만들려면?

"사랑은 가장 은밀한 남녀의 일 같지만, 알고 보면 가장 궁금한 세상의 일이지요."

용화산 사자사의 지명知命 법사가 화두를 던지자 부여장夫餘璋(백제 무왕)과 선화공주는 말없이 고개를 끄덕였다. 잠깐이지만 의미심장한 눈빛 교환이 이루어졌다. 머지않아 민심을 사로잡게 될 한 왕자의 사랑 이야기가 경건하고 엄숙한 절집에서 두런두런 무르익었다.

600년, 백제 법왕法王이 쓰러져 병석에 누웠다. 나라에 비상이 걸렸다. 598년 12월 위덕왕威德王이 재위 44년 만에 세상을 떠났고, 이듬해에는 왕위를 물려받은 동생 혜왕惠王이 죽었다. 혜왕의 맏아들 법왕마저 잘못되면 2년도 안 돼 국왕 3명을 잃는 꼴이었다.

게다가 법왕에게는 적통 후계자도 없었다. 백제인들은 불안에 떨었고 신라와 고구려의 위협은 커졌다. 만일의 사태에 대비해 대성팔족大姓八族이 나섰다. 백제 8대 귀족 성씨들은 최고 의사결정 기구인 좌평회의를 틀어쥐고 새 임금을 추대해왔다. 왕실의 위기는 그들로서는 기회였다. 대성팔족은 저마다 주판알을 굴리며 혈통 좋은 왕족을 찾기 시작했다. 허수아비 왕을 보위에 앉히고 그 대가로 실권을 잡겠다는 장삿속이었다.

법왕에게는 사실 민간인 과부 소생 서자庶子가 있었다. 부여장! 어머니의 신분이 천하다는 이유로 귀족 세력은 외면했지만, 엄연히 국왕의 유일한 혈육이었다. 이 '반쪽 왕자'에게 주목한 것은 불제자佛弟子들이었다.

법왕은 백제 땅에 불법佛法을 크게 일으키려 한 임금이었다. 그는 즉위하자마자 명을 내려 일체의 살생을 금했다. 민가에서 기르던 매를 놓아주었으며 물고기를 잡고 사냥하는 도구들을 태워버리게 했다.[1] 승려들은 꽃도 피워보지 못하고 시

　　　　　　　　　　　　서동은 왜 공주를 사랑했을까? ────

들어가는 아비의 포부를 아들 부여장이 잇기를 바랐다.

　물론 서자가 왕위를 쉽게 얻을 수는 없었다. 대성팔족을 필두로 귀족들이 거세게 반대할 것이다. 백제가 흔들리고 있는 시점이었다. 정통성 없는 자를 왕위에 앉혔다간 나라가 끝장난다고 일축할 게 틀림없다. 기댈 언덕은 백성뿐이었다. 어느 시대나 민심은 곧 천심이다. 어떻게든 백성의 마음을 사로잡아야 했다.

　용화산 사자사의 지명 법사가 묘안을 내놓았다. 그는 백제 익산 출신 승려로 부여장 부부와의 인연이 깊었다. 지명 법사는 백성들이 '이야기'를 좋아하니 입소문을 퍼뜨리자고 제안했다. 발 없는 말이 천 리를 간다고 했다. 이야기가 재미있으면 널리 퍼져나간다. 여기에다 부여장이 왕의 재목材木임을 넌지시 드러내면 민심을 얻을 수 있다.

　이야기를 전하는 언로言路는 바로 불제자들이었다. 백제 사람들은 승려들의 이야기에 귀를 기울였다. 설법뿐만이 아니라 세상 돌아가는 소식도 듣고자 했다. 부여장을 왕위에 앉히려면 백성들에게 어떤 이야기를 들려주어야 할까? 지명 법사는 국경을 뛰어넘은 소년의 사랑 이야기를 꺼냈다. 얄궂은 노래 한 자락과 함께…….

공주를 얻은 서동의 연애담

✿

부여장의 어머니는 과부였다. 도읍 남쪽 연못가에 집을 짓고 살다가, 그 연못의 용과 정을 통하고 아들을 낳았다. 어릴 적 이름은 '서동薯童'이었다. 늘 마를 캐서 팔아 생활했기 때문에 그렇게 불렀다. 서동은 재주와 도량이 커서 그 깊이를 헤아리기 어려웠다.[2]

이야기는 '출생의 비밀'로 막을 올린다. 은유와 상징은 청중의 상상력을 자극했다. 과부 엄마가 연못의 용과 정을 통해 낳았다? 용은 임금을 뜻한다. 못의 용은 아직 승천하지 못한 용이다. 임금이 아닌 왕족 남성이라는 말이다. 짙은 안개를 헤치고 수수께끼의 진실을 찾는 재미가 있다. 법왕은 위덕왕 재위기(554~598년)에 궁궐 근처에 사는 과부와 관계를 맺어 자식을 얻었다. 당시 그는 임금의 조카였으니 못의 용이라고 볼 수 있겠다.

민간인 과부 소생 혈육은 왕실에서 드러내기 껄끄러운 존재다. 부여장은 아버지의 보살핌을 받지 못하고 마를 캐서 파는 아이, 서동으로 자라난다. 용의 자손으로 태어났지만 불우하게 살 수밖에 없었던 소년의 처지는 동정심을 불러일으켰다. 비천한 삶을 사는 백성들은 어느새 동병상련을 느끼며 이

서동은 왜 공주를 사랑했을까? ────

야기에 빠져들었다.

이쯤에서 승려들은 애초 목적한 패를 빼들었다. 서동의 재주와 도량이 커서 헤아리기 어려웠단다. 이제 그가 임금 자격을 갖춘 능력자임을 밝히겠으니 잘 들으라는 것이다. 임금의 능력을 입증하는 소재로 가장 무난한 것은 전쟁이다. 신라나 고구려를 공략해 성을 빼앗는다면 더할 나위 없다. 청중도 당연히 무용담을 예상했다.

하지만 부여장에게는 가당치 않았다. 전쟁에서 이기려면 병법을 써서 군대를 지휘해야 하는데, 왕자 교육을 받지 못한 그로서는 언감생심이다. 그렇다고 노골적으로 '뻥치면' 이야기의 개연성이 떨어진다. 과연 무엇으로 귀 기울이는 백성들을 만족하게 할 것인가? 승려들은 색다르고 흥미로운 이야기를 들려주었다. 그것은 뜻밖에도 무용담이 아닌 연애담이었다.

신라 진평왕眞平王의 셋째 딸 선화가 어여쁘다는 말을 듣고, 서동은 머리를 깎고 서라벌로 들어갔다. 동네 아이들에게 마를 나누어주니 모두 그를 따라다녔다. 아이들을 꾄 서동은 동요를 지어 노래 부르게 했다. "선화공주님은 남몰래 정을 통하고, 서동 서방을 밤마다 안는다네." 왕실의 체통을 깎아내리는 외설적인 동요였다.

이 노래가 서라벌에 널리 퍼지자 궁궐이 들끓었다. 신하들은 선화공주의 행실을 따졌다. 결국 왕은 딸을 멀리 귀양 보냈다. 공주가 유배지로 가는 길에 서동이 나타났다. 넙죽 절을 하고 자신이 모시겠다는 것이었다. 선화공주는 의심스러웠지만 그가 듬직해 보여 따르게 했다. 두 사람은 곧 가까워져 정을 통하게 되었다. 서동은 그제야 자신의 정체를 밝혔다. 그가 동요의 주인공임을 알자 선화공주는 운명으로 받아들였다. 그들은 함께 백제로 왔다.[3]

여기서 부여장의 능력을 입증하는 근거는 바로 기지를 발휘해서 신라 공주를 얻었다는 것이다. 서동은 머리를 깎고 승려로 행세하며 적국 수도 서라벌에 잠입한다. 아이들을 꾀어 외설적인 노래를 퍼뜨린다. 이 가짜 염문에 선화공주는 궁에서 쫓겨난다. 서동은 유배 떠나는 선화공주에게 나타나 마음을 얻는다. 마침내 진정한 사랑을 나누고 백제로 데려온다.

이야기를 듣는 동안 서동은 교묘한 책략가이자 담대한 용자勇者로 청중의 마음에 자리 잡았다. 더구나 그가 얻은 여인이 무려 신라 공주다. 귀족들이야 신분을 따졌지만 백성들은 눈 맞으면 사랑하고 결혼했다. 바로 그 평민의 사랑법으로 비천한 소년이 고귀한 공주를 아내로 삼은 것이다. 참으로 짜릿하고 환상적인 대리 체험이 아닌가?

백성은 국경을 뛰어넘는 사랑 이야기에 열광했다. 승려들도 신바람이 났다. 설법하다가 즉석에서 '서동요 노래교실'을 열기도 했다. "선화공주님은 남몰래 정을 통하고, 서동 서방을 밤마다 안는다네." 노래가 유행할수록 서동의 인기는 치솟았다. 차기 임금감을 물색하던 귀족들은 당황했다. 난데없이 '반쪽 왕자'가 대세로 떠오른 것이다. 백제 땅에 '서동 바람'이 세차게 불었다.

'백제 첩자'가 서라벌에 잠입한 까닭
❀

부여장은 회심의 미소를 지었다. 어린 시절 그는 천덕꾸러기였다. 백제 왕족의 핏줄이지만 천한 과부 소생이었다. 왕실에서는 일족一族으로 받아들이지 않았다. 그렇다고 아무렇게나 방치할 수도 없었다. 부여장은 도읍을 떠나 익산으로 가서 비밀 임무를 맡았다.

위덕왕 때부터 백제는 유능한 첩자들을 길렀다. 475년 백제 개로왕蓋鹵王이 오랜 도읍 한성을 고구려에 빼앗기고 비참하게 죽은 까닭은 무엇인가? 고구려 승려이자 첩자인 도림道琳이 개로왕의 눈과 귀를 가렸기 때문이다. 554년에는 백제 부흥에 앞장선 성왕聖王이 관산성으로 향하다가 신라군의 매복에 걸려 죽었다. 신라 장군 김무력金武力(김유신의 할아버지)의 첩자에게 이동 경로를 간파당한 대가였다. 백제가 첩보전에 심혈을 기울이게 된 계기였다.

고구려·신라와 군사적으로 대치하는 상황에서 정보는 승패의 관건이었다. 전쟁에서 이기려면 적국의 정보를 수집해 거기에 맞는 전략·전술을 짜야 한다. 이 때문에 수많은 첩자가 국경을 넘나들었다. 부여장 같은 왕족의 서자는 첩자로 쓰기에 좋은 자원이었다. 드러내기도 곤란하고, 방치할 수도 없는 존재에게 음지에서 나라에 공을 세울 기회를 준 것이다.

서동이 캔 것은 마가 아니었다. 부여장은 신라 방면의 첩자로 뽑혔다. '마'는 정보를 뜻하는 은어였고, '서동'은 공작에 쓰이는 암호명인 것이다. 그는 익산의 숨겨진 산채에서 고도의 첩보전 훈련을 받았다. 적국의 정보를 캐서 보고하는 법은 기본이었다. 적지로 잠입하고자 변장술도 익혔다. 신라를 혼란에 빠뜨리는 유언비어 유포도 빼놓을 수 없다. 죽기 살기로 훈련을 마친 부여장은 유능한 첩자 서동으로 다시 태어났다.

신라는 576년 진지왕眞智王이 즉위하면서 심상치 않게 돌아갔다. 그는 국력을 크게 키운 진흥왕眞興王의 둘째 아들이었다. 맏이인 동륜태자銅輪太子가 572년 사고로 죽는 바람에 대신 보위에 오른 것이다. 그런데 죽은 동륜태자에게는 백정白

서동은 왜 공주를 사랑했을까?

淨이라는 장성한 아들이 있었다. 정통성이 취약한 진지왕으로
서는 골칫거리였다.

577년에는 백제가 신라의 서쪽 변경을 침략했다. 아버지
성왕의 죽음이 사무친 위덕왕은 오랜 세월 힘을 비축하다가
신라 왕권이 흔들리자 복수의 칼을 빼들었다. 이찬伊飡 세종
世宗이 이끄는 신라군이 이를 격퇴하기는 했지만 진지왕은 근
심에 빠졌다. 왕실 내부에 골칫거리를 둔 상태에서 외부의 도
발이 계속되면 큰일이다. 내우외환은 초짜 왕에게 버거운 짐
이었다.

고심 끝에 진지왕은 578년 백제에 알야산성을 넘겨주기
로 했다.[4] 알야산성은 백제 익산과 맞닿은 군사 요충지였다.
이해하기 힘든 일이다. 얼마 전 백제의 침략을 물리친 신라가
아닌가? 하지만 입지가 불안한 진지왕으로서는 어쩔 수 없는
고육책이었다. 내우외환에서 벗어나려고 적국에 뇌물을 준
셈이다.

알야산성을 대가로 신라와 백제 사이에는 비밀 화친이 추
진되었다. 화친을 맺을 때는 왕실 간의 인질혼人質婚이 따라붙
는다. 화친이 깨지지 않도록 결혼을 빙자해 왕족을 볼모로 잡
는 것이다. 인질로는 왕실의 방계傍系나 서자가 주로 선택되
었다.

백제 위덕왕이 신랑감으로 내놓은 인물은 바로 부여장이었다. 자기 동생의 손자인데 민간인 과부 소생이므로 무늬만 왕족이었다. 반면 신라 진지왕은 죽은 동륜태자의 손녀이자 백정의 딸인 선화를 신부로 골랐다. 백정을 견제하려는 의도가 다분했다. 선화를 인질로 보내 백제와 화친하는 한편 잠재적인 정적을 억누른 것이다.

최종 합의를 위해 부여장이 직접 서라벌에 잠입했다. 유능한 첩자답게 승려로 변장해 국경을 넘었다. 불제자는 국적과 상관없이 어느 나라든 출입을 허용하는 게 삼국의 관행이다. 첩자로 암약하는 승려들이 적지 않은 이유다. 게다가 부여장은 백제 말과 비슷한 신라어를 완벽하게 익혔다. 신라 국경을 넘나드는 것은 식은 죽 먹기였다.

서라벌에 도착한 그는 서동이 되어 유언비어를 퍼뜨렸다. "선화공주님은 남몰래 정을 통하고, 서동 서방을 밤마다 안는다네." 노래에 제 암호명을 넣음으로써 선화의 짝이자 화친의 사자로 서동이 서라벌에 와 있음을 알린 것이다. 여기에는 결혼 상대가 정해졌으니 신라 왕은 약속을 이행하라는 숨은 뜻이 담겨 있었다.

합의한 대로 진지왕은 선화를 궁에서 내보냈다. 부여장은 인질 신부를 맞이하고 알야산성을 접수했다. 이로써 화친은 이루어졌다. 큰 공을 세운 그는 익산과 알야산성을 근거지 삼아 정치적 야심을 키워나갔다.

이윽고 천재일우의 기회가 찾아왔다. 위덕왕과 혜왕이 연달아 세상을 떠나고 아버지 법왕마저 병석에 누우면서 감히 쳐다보지도 못했던 백제의 왕위가 어른거리기 시작했다. 귀족들은 외면했지만, 그는 불교 세력과 손잡고 승부수를 던졌다. 자신의 내력을 각색한 사랑 이야기로 민심을 사로잡은 것이다.

미륵의 이름으로 보낸 선화의 '효도 선물'

✿

선화는 지난날이 꿈만 같았다. 어린 나이에 궁을 나와 백제로 왔을 때는 눈앞이 캄캄했다. 남편과 함께 익산에 정착했지만 모든 것이 낯설고 무섭기만 했다. 부모님과 언니들 생각에 날마다 눈물을 삼켰다. 신앙의 힘이 아니었다면 견딜 수 없었을지도 모른다.

그녀가 나고 자란 신라 왕실은 석가모니 일족을 자처했다. 그 신앙심으로 용화산 사자사를 찾아갔다. 가파른 비탈길이었지만 아랑곳하지 않았다. 그리고 참아왔던 울음을 지명 법사 앞에서 토해냈다. 지명 법사는 선화의 눈물을 닦아주고 설법으로 용기를 불어넣었다. 그녀가 마음의 평화를 얻은 것은 법사 덕분이었다.

지명 법사는 미륵신앙을 설파하는 승려였다. 미륵신앙은 석가모니의 제자인 미륵보살이 도솔천 사자좌에서 환생하고 먼 훗날 용화수(보리수) 아래로 내려와 도탄에 빠진 중생을 구제한다는 믿음이다. 지명 법사는 익산의 용화산 사자사를 미륵신앙의 본거지로 삼고 포교에 나섰다. 이 새로운 설법에 감복한 선화는 기꺼이 그의 후원자가 되었다.

겨우 안정을 찾은 선화에게 또다시 풍운이 몰려온 것은 579년의 일이었다. 신라 동향을 파악하던 부여장이 어느 날 놀라운 소식을 들려주었다. 신라 왕실에 정변이 일어난다는 것이다. 그 주역은 선화의 아버지 백정이었다.

알야산성을 내주고 백제와 화친을 맺은 진지왕은 곧 궁지에 몰렸다. 579년 2월 백제는 웅현성과 송술성을 쌓아 마지현성·내리서성 등 신라 서쪽 변경을 틀어막았다.[5] 한강 일대로 연결되는 통로를 위협함으로써 신라의 멱살을 잡은 것이다. 화친이 사실상 깨지고 국익이 심각하게 훼손되자 진지왕의 위신은 곤두박질쳤다.

579년 7월 진지왕은 나라 사람들에 의해 임금 자리에서 쫓겨났다. 정치가 어지럽고 사생활이 음란하다는 죄목이었다.[6] 이 정변의 중심에 백정이 있었다. 어쩌면 진지왕이 즉위할 때부터 예고된 일이었는지도 모른다. 백정은 진흥왕의 맏손자이자, 동륜태자의 맏아들이었다. 누가 보더라도 정통성 있는 왕의 재목이었다.

장인이 임금 자리에 오르겠다는데 사위가 가만있을 수는 없다. 선화가 아버지에게 재물을 보냈으면 좋겠다고 하자 부여장은 주저 없이 승낙했다. 거사를 치르려면 자금이 든다는 것을 그는 잘 알고 있었다. 선화는 남편이 그만한 재물을 마련할 수 있을지 걱정했다. 하지만 첩자 출신인 부여장은 자신만만했다. "내 어려서부터 마를 캐던 곳에 금이 흙더미처럼 쌓여 있소."[7]

원래 정보를 캐려면 자금이 필요한 법이다. 백제는 첩자를 양성하는 산채에 황금을 쌓아두었다. 부여장은 신라의 정변에 개입하겠다며 산채에서 자금을 확보했다. 문제는 이 황금을 백정에게 신속히 전달하는 방법이었다. 선화는 용화산 사자사의 지명 법사를 찾아갔다. 편지를 써서 황금과 같이 절 앞에 갖다 놓았다.

지명 법사는 신통력을 발휘해 하룻밤 만에 신라 서라벌로 보냈다.[8] 지명 법사의 신통력이란 다름 아닌 미륵결사였다.

미륵신앙을 전파하려고 조직한 미륵결사가 이미 백제를 넘어 신라 땅으로 뻗어나가고 있었다. 딸과 사위의 '효도 선물'은 그 조직망을 타고 장인의 손에 제때 들어갔다. 결국 거사는 성공했고 백정이 왕위(진평왕)에 올랐다.

현재는 과거를 재구성하는 힘을 갖는다. 애초 선화는 왕녀였지만 임금의 딸은 아니었다. 인질혼으로 백제 땅에 와서 아버지의 거사를 돕고 명실상부한 공주가 된 것이다. 부여장도 이제 장인은 신라 왕이고, 아내가 임금의 딸인 유력자다. 그 달라진 위상이 서동과 선화공주의 연애담을 더욱 빛나게 한 것이다. 진실은 모호한 은유와 상징의 행간에 숨어 있다.

'즉위담'이 된 '연애담'
❀

600년 5월, 백제 법왕이 세상을 떠났다. 차기 국왕은 국경을 뛰어넘은 사랑 이야기의 주인공, 신라 왕이 늘 편지로 안부를 묻는다는 사위, 부여장이었다. 서동은 인심을 얻어 왕위에 올랐다.[9] 연애담은 그렇게 즉위담이 되었다.

즉위식에 맞춰 익산을 떠나 도읍으로 가는 길. 부여장은 야망에 불타올랐다. 그의 야심은 백제 임금 자리에 그치지 않았다. 신라 왕 백정에게는 왕위를 계승할 아들이 없었다. 성골 남자의 씨가 마르면 사위인 부여장에게도 국왕 자격이 생긴다. 백제에 이어 신라 왕좌를 차지하리라. 듣지 않으면 군마로 쓸어버리리라. 천하에 '무왕武王'의 깃발을 펄럭이리라. 부여장은 다짐하고 또 다짐했다.

지명 법사는 백제를 미륵의 성지로 만들겠다는 꿈에 부풀어 있었다. 새 임금은 이미 익산에 미륵사를 짓겠다고 약속했다. 3불당 3탑의 전무후무한 대역사가 곧 시작될 것이다. 그곳에 석가모니의 진신사리를 모셔오고 미륵불의 원대한 희망을 심을 것이다. 나의 임금은 전륜성왕轉輪聖王이 되시리라. 용화수 아래서 미륵을 영접하고 정의롭게 세상을 다스리는 통치자! 중생을 전쟁과 질병의 고통에서 해방시키는 전륜성왕이 되시리라.

선화공주는 안색이 어두웠다. 사비성에 모인 대성팔족은 신라 출신 왕비를 반대한다고 들었다. 벌써 사택씨沙宅氏의 여식을 궁궐에 들이기로 합의했다고 한다. 하기는 백제의 숙원이 성왕의 복수인데, 그를 죽음으로 내몬 진흥왕의 증손녀를 호락호락 왕비로 받아들일 리 만무하다. 선화는 품에 안겨 새근새근 잠든 어린 아들, 의자義慈의 얼굴을 들여다보았다. 이 아이의 운명은 어찌 될까? 그래, 어미가 너를 꼭 지켜내리라.

세 사람이 저마다 다른 생각에 잠겨 있는 동안 부소산에 우
뚝 솟은 백제 왕궁이 드디어 위용을 드러냈다. 백마강 너머로
뉘엿뉘엿 기우는 해가 서쪽 하늘을 붉게 물들이는 황혼녘, 새
임금의 행차는 굽이굽이 구릉 길을 돌아 사비성에 이르렀다.

사랑의 힘
● 김유신과 문명왕후 ●

사랑의 도피극

김유신金庾信 · 김춘추金春秋 · 문무왕文武王. '삼국
통일' 하면 떠오르는 남자들이다. 그런데 이 세 사람과 떼려
야 뗄 수 없는 여인이 있다. 김유신의 누이동생이자 김춘추의
아내이며 문무왕의 어머니인 '문희文姬'가 그렇다. 이름에 '문
文'을 쓴 여성은 한국사에서 찾아보기 어렵다. 죽고 나서 받은
시호 '문명왕후'도 마찬가지다. 학식 있고 총명한 여자였을
가능성이 높다.

역사 기록에서는 비중 없이 다루지만 알고 보면 문희는 삼

국통일에 크게 기여했다. 김유신과 김춘추가 대업에 힘을 모으게 하고, 그 임무를 완성할 문무왕을 낳아서 키운 게 문명왕후였다. 삼국통일에 상당한 지분을 가진 셈이다. 그럼 문희라면 이 통일 대업을 어떻게 바라보았을까? 남자들이 아닌 여인의 '목소리'로 그 결정적 장면들을 다시 이야기해본다.

"세상을 지배하는 표면적인 힘은 욕망과 두려움이지만, 역사를 움직이는 진정한 원동력은 오직 사랑이다."

남자들은 어떨지 모르지만 나는 그렇게 믿는다. 내 이름은 문희, 진골 김서현金舒玄과 만명부인의 금지옥엽 둘째 딸이다. 우리 집안은 본래 가야 왕족이었다. 증조부인 금관가야의 구형왕仇衡王이 나라를 신라에 바치고 귀순해 진골이 되었다. 가락국 시조 수로왕首露王의 피를 잇는 유서 깊은 집안이지만 신라에서는 은근히 이방인 취급을 받았다. '무늬만 진골'이요, 서라벌 귀족들의 텃세가 이만저만 아니었다.

집안이 자리 잡은 것은 할아버지 덕분이다. 각간角干 김무력은 새로 차지한 한강의 신주新州를 잘 다스렸을 뿐 아니라 매복전을 펼쳐 백제 성왕을 죽음으로 몰아넣었다. 그 공을 인정받아 진흥왕의 딸 아양공주와 결혼하고 신라 성골 왕실의 어엿한 사위가 된 것이다.

왕실을 등에 업고 잘나가던 집안에 비바람을 몰고 온 사람은 내 아버지였다. 화랑 김서현이 금지된 사랑에 빠진 것이다. 상대는 숙흘종肅訖宗과 만호태후의 딸 만명萬明, 내 어머니였다. 숙흘종은 진흥왕의 동생으로 성골 왕족이었다. 만명이 '무늬만 진골'인 서현과 정을 통한 것을 알자 그는 딸을 별채에 가두고 사람을 시켜 지키게 했다.[10]

만호태후는 한술 더 떴다. 태후는 진흥왕의 며느리이자 진평왕의 어머니였다. 남편 동륜태자가 일찍 죽는 바람에 숙흘종과 재혼했는데 시누이였던 아양공주와는 앙숙이었다. 자신의 딸이 공주의 아들과 사귀는 것을 태후는 반대했다. 임금의 어머니라서 힘도 셌다. 서현은 화랑도에서 쫓겨나 만노군萬弩郡(진천)으로 내쳐졌다.[11]

하지만 사랑은 억지로 막을수록 뜨겁게 달아오르는 법이다. 어느 날 만명이 갇혀 있는 별채의 문에 벼락이 쳤다. 지키던 사람들은 놀라서 흩어졌고 만명은 뚫린 구멍으로 빠져나왔다. 벼락 운운했지만 사실은 화랑 김서현이 낭도들을 보내 사랑하는 여인을 구출한 것이다. 소행을 숨기기 위해 벼락이 쳤다는 소문을 냈다. 두 사람은 만노군으로 가서 보금자리를 만들었다. 신라를 뒤흔든 사랑의 도피극이었다.

큰오라버니 김유신은 그 뜨거운 사랑의 결실이었다. 몇 년 후 유신이 만노군에서 태어나 자란다는 소식을 듣자 숙흘종과 만호태후는 서라벌로 불러들였다. 애지중지하던 딸자식의 아이다. '태양의 위용'을 지닌 손자의 모습에 그들은 감격했고, 비로소 아버지와 어머니를 용서했다. 부모님은 성골 왕실의 축복 속에 정상적인 가정을 꾸리고 둘째 오라버니 흠순欽純, 언니 보희寶姬, 나 문희를 낳았다. 우리 집안은 유력한 '신흥 진골'로 떠올랐다.

천관녀의 진짜 정체는 무엇일까?

　　　　집안의 기둥인 유신 오라버니는 15세의 나이로 화랑이 되었다(609년). 오라버니를 따르는 낭도 무리를 '용화향도龍華香徒'라고 했다. 신라 화랑도는 나라를 지키기 위해 몸과 마음을 수련했다. 어진 재상과 충성스러운 신하들이 길러졌고, 훌륭한 장군과 용감한 병사들이 배출되었다.

　오라버니는 어려서부터 포부가 컸다. 17세에 외적外敵을 평정하겠다는 뜻을 품고 하늘에 기도한다며 중악中嶽의 석굴에 들어갔다. 이듬해엔 인박산 깊은 골짜기에서 삼국통일의 맹세를 천지신명에게 고했다.

　　　　　　　　　　　　　　　　　　　　　사랑의 힘 ─────

나라에 전운이 짙게 깔려 있었다. 백제 무왕은 허구한 날 군사를 일으켜 국경을 침범했고, 수나라의 침략을 물리친 고구려는 더욱 위세를 부렸다. 신라가 살길은 저들을 꺾고 삼국을 병합하는幷三國 수밖에 없다고 유신은 생각했다. 오라버니는 산에서 내려오자마자 곧장 첫걸음을 내디뎠다. 천관天官이 빛을 드리워 자신의 보검에 영靈이 서렸다는 이야기를 퍼뜨린 것이다.[12]

천관은 중국 도교에서 숭배하는 신이다. 오라버니는 천관신을 들먹이며 삼국통일의 신성한 임무를 부여받았다고 설파했다. 낭도들을 끌어모으기 위해서였다. 동지들을 규합한다고, 부하들을 격려한다고, 날마다 술판이 벌어졌다. 내가 보기에는 삼국통일을 안주 삼아 술 마시려고 모이는 것 같았다. '음주 승마'로 구설에 오르기도 했다. 서라벌에 이상한 소문이 나돌았다. '말목 자른 화랑' 김유신의 이야기였다.

"유신이 술 파는 여인의 집에 드나들었다. 천관이라는 유녀에게 흠뻑 빠진 것이다. 어머니가 아들의 행실을 알고 눈물 흘리며 꾸짖었다. 그는 깊이 뉘우치고 발길을 끊겠노라, 맹세했다. 며칠 후 유신은 술 마시고 밤늦게 귀가했다. 주인이 꾸벅꾸벅 조는 사이에 말이 천관녀의 집에 멈춰 섰다. 말 울음소리에 깬 유신은 깜짝 놀랐다. 어머니께 한 맹세를 어기다니! 그는 화가 나서 애마의 목을 베고 집으로 돌아갔다."[13]

소문은 그렇게 났지만 동생인 나는 진실을 알고 있었다. 천관은 술 파는 여인이 아니었다. 유녀, 노는 계집이 아니라 화랑도에 딸린 유화遊花였다. 유화는 화랑의 시중을 들며 연회를 마련하는 여성들이다. 주로 서민 출신이었는데 낭도들과 정분 나는 일이 많았다. 천관도 유화였고 오라버니의 측근이었으니 염문이 나돌아도 이상할 게 없다. 하지만 그녀에게는 유신이 맡긴 특수 임무가 따로 있었다.

오라버니는 낭도들과 함께 명산대천을 찾아다니며 하늘에 제사를 지냈다. 나라를 지키는 호국선護國仙으로서 삼국통일을 맹세하는 의식이었다. 천관은 제사 의식의 신녀 노릇을 한 유화였다. 유신에게 신령한 기운을 내려주었다는 천관신을 아름다운 여인의 모습으로 육화肉化시킨 것이다. 말목을 잘랐다는 이야기도 와전되었다. 전쟁에 앞서 말의 피를 바르며 승리를 기원하는 의식을 제사에 차용했을 뿐이다.

내가 아는 한 오라버니는 유화에게 정을 주는 헤픈 남자가 아니다. 그는 어려서부터 지도자로 키워졌다. 늘 모든 일을 정치적으로 계산하며 신중하게 처신했다. 유화에게 천관이라는 이름을 붙이고 신녀로 활용한 것도 삼국통일의 대의를 설파하기 위해서였다. 어머니도 잘 알고 있었다. 하지만 만명부인

사랑의 힘

은 석가모니의 화신을 자처하는 성골 왕실에서 나고 자랐다. 맏아들이 도교 의식에 심취할까봐 간혹 꾸짖는 것도 잊지 않았다.

오라버니는 천관녀를 앞세워 삼국통일을 효과적으로 알렸다. 낭도들은 눈에 안 보이는 천관신보다 눈에 보이는 천관녀에게 더욱 끌렸다. 살아 있는 신인데다 아름다운 여인이니 주목을 받는 것은 당연했다. 삼국통일은 낭도들의 관심사로 떠올랐다. 화제의 인물이 된 오라버니는 18세의 나이로 화랑도의 우두머리인 풍월주에 올랐다(612년). 자질도 출중했지만 무엇보다 삼국통일이라는 시대정신을 부각한 덕분이었다.

오라버니는 사람들의 마음을 헤아리고 움직이는 데 능했다. 하지만 삼국통일이 애들 장난인가? 화랑도에서는 관심을 끌었지만 거국적으로 실행에 옮기는 것은 다른 차원의 문제다. 국력을 일으킬 인재들을 모으고 나라에 충성할 세력을 키워야 한다. 그러려면 구심점이 되어줄 주군이 필요하다. 장차 삼국통일을 실현할 임금과 손잡아야 한다. 오라버니 혼자서는 할 수 없는 일이다. 나, 문희가 나설 차례가 되었다.

진지왕 혈육과 가야의 신흥 진골

❀

춘추공을 처음 만난 것은 오라버니가 풍월주에 오른 그해였다. 어느 날 용수공이 어린 아들을 데리고 집에 찾아왔다. 백옥처럼 하얀 얼굴에 말을 아끼던 소년이었다. 10세의 꼬마였지만 춘추에게는 고요한 위엄이 있었다. 내 마음에 새겨진 낭군의 첫인상이었다.

춘추는 진지왕의 아들 용수공과 진평왕의 딸 천명공주가 부부의 연을 맺고 낳은 신라 최고의 귀공자였다. 법흥왕 때 율령을 반포한 후 진골 위에 성골이 생겼다. 성골은 왕과 그의 친형제, 그들의 자녀로 이루어진 좁은 범위의 혈족 집단이다. 임금이 바뀌면 성골도 국왕 중심으로 재편된다. 진평왕이 즉위하면서 쫓겨난 선왕의 아들인 용수공은 진골로 떨어졌다. 그럼 진평왕은 왜 맏딸 천명공주를 용수공과 혼인시켰을까?

신라의 왕위 계승권은 임금의 다음 대 아들이 갖는다. 진평왕에게는 딸들만 있고 아들이 없었다. 그의 형제들도 사정은 마찬가지였다. 성골 남자의 씨가 마른 것이다. 고심 끝에 왕은 가까운 혈족인 용수공을 맏딸 천명공주와 혼인시켜 보위를 물려주려고 했다.

그런데 둘째 덕만공주가 임금 자질을 보이자 생각이 달라

사랑의 힘 ───

졌다. 여인의 몸이지만 성골이다. 너그럽고 총명해 나라 사람들이 따른다. 발상의 전환이 이루어졌다. 여자 임금, 못할 것도 없다. 진평왕은 덕만을 후계자로 삼고 용수공 일가를 궁에서 내보냈다.

오라버니는 집에 찾아온 춘추를 보고 장담했다. "공자님은 삼한三韓의 주인이 될 것입니다."[14] 어린 춘추를 삼국통일의 주군으로 받들겠다는 뜻이었다. 용수공은 반색하며 아들을 맡기겠다고 했다. 궁지에 몰린 진지왕의 혈육들이 가야에서 온 신흥 진골과 손잡는 순간이었다. 미래의 낭군이 문득 나에게 눈길을 던졌다. 온화하지만 또렷한 눈빛, 운명적인 첫 만남이었다.

그 연애 사건은 내 아들 법민法敏(문무왕)이 태어난 해에 벌어졌다(626년). 정월 보름날, 서라벌 거리마다 사람들이 쏟아져 나와 어울려 놀았다. 우리 집 앞에서는 두 청년이 축국蹴鞠을 즐기고 있었다. 오라버니와 춘추공이었다.

오라버니는 공을 차다가 일부러 춘추공의 옷고름을 밟아 찢어지게 했다. 오라버니는 옷고름을 꿰매주겠다며 춘추공을 데리고 집에 들어왔다. 먼저 보희 언니에게 바느질을 시키자 쑥스러운지 거절했다. 나는 냉큼 반짇고리를 들고 손님방에 갔다. 오라버니가 슬쩍 자리를 비켜주니 방에는 청춘 남녀만

남게 되었다. 향긋한 처녀의 체취에 춘추공의 볼이 벌겋게 달아올랐다. 내 가슴도 두근두근 뛰었다. 우리의 첫날이었다.

그날 이후 춘추공은 은밀히 우리 집에 드나들었다. 봄여름이 가고 가을이 오자 내 배가 불러왔다. 이제 책임질 시간이다. 하루는 오라버니가 배부른 누이를 불태워 죽이겠다며 마당에 장작을 쌓고 연기를 피웠다. 처녀가 임신했으니 집안 망신이라는 것이었다.

뭉게뭉게 피어오른 연기는 서라벌 하늘로 치솟았다. 누가 봐달라는 듯이…… 공교롭게도 덕만공주가 제사 지내기 위해 남산에 오르는 날이었다. 그것은 오라버니와 내가 짜고 벌인 연극이었다.

사실 춘추공은 보라궁주와 혼인한 유부남이었다. 두 사람은 금슬이 좋아 장안에 잉꼬부부로 소문났다. 게다가 궁주가 낳은 딸 고타소古陀炤를 춘추공이 몹시 사랑했다. 사랑을 나누고 임신했지만 춘추공과 결혼할 수 없었다. 첩이 되기도 싫었다. 방법은 성골 왕실에서 중혼重婚(배우자를 여러 명 두는 일)을 허락받는 것뿐이었다.

진평왕이 오랫동안 재위하며 덕만공주 또한 나이가 지긋해졌다. 남산으로 행차한 공주는 우리 집에서 나는 연기에 관심을 보였다. 오라버니가 결혼도 하지 않고 임신한 누이동생을 태워 죽인다는 말을 듣자 덕만은 남자가 누구냐고 물었다. 마침 곁에 있던 춘추공이 안절부절못하고 얼굴을 붉혔다. 현명한 덕만공주는 대번에 사태를 파악했다. "네 소행이구나. 속히 가서 여인을 구하라."[15]

성골이자 후계자인 덕만공주의 명으로 나는 무사히 혼례를 치를 수 있었다. 얼마 후 법민이 태어났다. 삼국통일의 포부가 빚은 사랑의 결실이요, 하늘에서 내려준 축복이었다. 가족만큼 확실한 동맹은 없다. 대업의 초석이 된 춘추공과 오라버니의 결혼동맹은 그렇게 성사되었다. 두 사람은 각각 명재상과 대장군으로서 신라의 국익을 위해 호흡을 맞추었다. 한 손은 외교술을 펼치고, 한 손은 칼을 휘두르며 일심동체가 되어 나아갔다.

신라는 선덕여왕 11년(642)을 기점으로 심각한 위기에 직면했다. 그해 7월 백제가 군사를 크게 일으켜 신라 서쪽 40여 개 성을 빼앗았다. 8월에는 전략 요충지인 대야성大耶城(합천)이 함락되었다. 신라의 서부 전선이 무너져 압량주押梁州(경산)까지 후퇴하는 바람에 서라벌마저 백제의 위협에 노출되었다. 백제는 고구려와 손잡고 당항성黨項城(경기도 화성)을 공략하는 등 신라에 맹공을 퍼부었다. 서라벌에 망국의 위기감이 고조되는 가운데 춘추공과 오라버니가 해결사로 나섰다.

춘추공은 대야성에서 비보를 받고 충격에 휩싸였다. 대야성 도독 품석品釋의 아내였던 맏딸 고타소가 죽임을 당했다. 첫째 부인 보라궁주가 일찍 죽고 나서 춘추공이 애틋하게 키운 여식이다. 게다가 백제 장군 윤충允忠이 항복하면 목숨을 살려주겠다는 약속을 어기고 딸과 사위의 목을 베어 의자왕에게 보냈다는 것이다. 춘추공은 경악했다. 온종일 기둥에 기대 멍하니 서 있었다. 사람이 지나가도 알아보지 못했다. 이윽고 분노에 치를 떨며 복수를 다짐했다. "슬프다! 대장부로서 어찌 백제를 응징하지 못하랴!"[16]

춘추공은 먼저 고구려에 들어가 구원병을 청하기로 결심했다. 전쟁은 싸움만 잘한다고 이기는 게 아니다. 판을 잘 짜서 적을 고립시키면 승리의 길이 열린다. 춘추공은 외교관으로서 첫걸음을 내디뎠다. 하지만 당시 고구려는 호랑이굴이었다. 그해에 연개소문이 영류왕榮留王을 살해하고 권력을 틀어쥐었다. 이 살기등등한 자에게 무슨 일을 당할지 몰랐다. 춘추공은 떠나기 전에 오라버니를 만났다. 손가락을 깨물어 피를 나누어 마시고 맹세했다.

춘추공의 외교전

❀

"나와 처남은 고굉지신股肱之臣(다리와 팔에 비길 만한 신하)이오. 임금께선 우리 두 사람을 가장 신임하고 있습니다. 이번에 내가 고구려에 들어가 위험에 처한다면 그대가 어찌 무심할 수 있겠소?"

"공께서 돌아오지 못한다면 저의 말발굽이 반드시 고구려와 백제의 궁정을 짓밟을 것입니다. 안 그러면 무슨 면목으로 나라 사람들을 보겠소?"

아니나 다를까, 고구려에 사신으로 간 춘추공은 억류되고 말았다. 연개소문은 춘추공의 목숨을 위협하며 옛 땅인 마목현麻木峴(충주와 문경을 잇는 고개)과 죽령(단양과 영주를 잇는 고개)을 돌려달라고 겁박했다. 말도 안 되는 억지였다. 압량주의 군주가 된 오라버니는 춘추공이 60일 넘도록 돌아오지 않자 정예병 3,000명을 이끌고 구출 작전에 들어갔다. 고구려 첩자가 급보를 띄웠고 춘추공은 비로소 풀려났다.[17]

647년 1월, 비담毗曇의 반란으로 선덕여왕이 세상을 떠나고 진덕여왕이 즉위했다. 춘추공과 유신은 근왕군을 모아 반란을 진압하고 정권을 잡았다. 신라의 내란을 틈타 백제와 고구려의 침공이 더욱 거세졌다. 춘추공은 위급한 전선을 오라버니에게 맡기고 당 태종 이세민李世民을 만나러 갔다(648년).
망국의 기로에 선 신라의 사정을 읍소하며 힘을 합쳐 백제를
치자고 청한 것이다.

당 태종은 몇 해 전 고구려를 정벌하려다 안시성에서 분루
憤淚를 삼킨 바 있다. 백제를 멸망시키고 당나라 군대를 주둔
시킨다면 남북 합공으로 고구려를 도모할 수 있었다. 반면 신
라는 위험 부담이 컸다. 삼한 땅에 세계 최강의 외적을 끌어
들이는 일이었기 때문이다. 그러나 춘추공은 백제와 고구려
를 평정해야 신라가 살 수 있다고 보았다. 그리하여 '나당연
합'이 이루어졌다.

유신의 존재감은 춘추공의 외교전을 뒷받침하는 힘이었
다. 스스로 구하고자 하는 의지와 노력이 없으면 당나라는 승
산을 낮게 보고 군사를 보내지 않을 것이다. 실제로 춘추공이
당 태종을 만날 무렵 오라버니는 백제 땅으로 들어가 20여
개의 성을 함락시켰다. 대야성에서는 성 안의 백제군을 옥문
관까지 유인해 복병으로 섬멸했다. 이때 적장 8명을 사로잡
고 백제군과 교섭을 벌여 감옥에 파묻은 품석·고타소 부부의
유해와 교환했다. 고타소의 넋은 뒤늦게 아버지 춘추공의 품
에 안겼다.

654년 춘추공이 왕위에 오르니 제29대 태종 무열왕이다.

사랑의 힘

나는 왕비가 되었고, 맏아들 법민은 태자가 되었다. 위기는 계속되었다. 즉위 이듬해에도 고구려, 백제, 말갈이 연합해 신라 북쪽 변경의 33개 성을 빼앗았다. 왕이 거듭 사신을 보내 구원을 청하자 당나라는 마침내 백제로 출병했다.

660년 당나라 대총관 소정방蘇定方이 13만 대군을 거느리고 바다를 건너 기벌포로 들어왔다. 유신이 지휘하는 신라군 5만 명은 육로를 따라 탄현炭峴(금산)을 넘어섰다. 나당연합군은 7월 10일에 백제 사비성 남쪽에서 만나기로 하고 진군을 서둘렀다.

신라군은 황산벌에서 백제 장수 계백階伯의 5,000명 결사대에 가로막혀 고전하다가 화랑 관창官昌의 투지와 희생 덕분에 간신히 뚫고 나왔다. 당군의 진영에 이르렀을 때는 약속 날짜가 지나 있었다. 소정방은 군령을 어겼다며 신라 감독관 김문영金文穎의 목을 베려고 했다. 유신은 신라군의 기를 꺾으려는 당나라 대총관의 억지를 용납하지 않았다.

가락국 김씨, 주류가 되다

"황산의 싸움을 보지도 않고 죄를 묻는구나. 이런

치욕은 당할 수 없으니 당나라와 결전을 치른 후에 백제를 깨뜨리겠다!"[18]

유신은 소정방에게 일갈하고 커다란 도끼를 든 채 군문軍門에 섰다. 노장의 성난 머리카락이 곤두서고 허리에 찬 보검이 절로 튀어나왔다. 그 살벌한 기세에 소정방도 꼬리를 내릴 수밖에 없었다. 결국 나당연합군은 힘을 합쳐 백제 사비성 공략에 들어갔다. 의자왕은 얼마 버티지 못하고 항복했다. 전승 축하연에서 왕은 그에게 술을 따르도록 하여 망국의 치욕을 안겨주었다. 딸의 원통한 죽음으로 가슴에 맺혔던 아버지의 한이 비로소 풀렸을까?

백제를 멸망시키고 온 오라버니는 공을 인정받아 대각간大角干이 되었다. 그러나 마냥 기뻐할 수 없었다. 당나라의 야심을 꿰뚫어보았기 때문이다. 저들은 고구려를 넘어 신라까지 노릴 것이다. 애초 유신에게 삼국통일은 외적을 평정해 나라의 환란을 없애는 일이었다. 그런데 삼한 땅에 세계 최강의 외적이 치고 들어왔으니 이를 어찌할 것인가?

이듬해 왕이 세상을 떠나고 내 아들 법민이 보위에 올랐다 (661년). 제30대 문무왕이다. 오라버니와 나는 벅찬 감회에 젖었다. 가야 핏줄의 신라 임금이 탄생한 것이다. 가락국에서 온 새로운 김씨들이 주류가 되었다. 결혼동맹의 빛나는 성과

였다. 외가를 우러러보는 법민의 마음은 조서에 고스란히 담겼다. "가락국 시조 수로왕은 나에게 15대조가 된다. 그 나라는 망했지만 묘는 남아 있으니 이제부터 신라 종묘에 합해 계속 제사 지내도록 하라."[19]

오라버니는 조카 문무왕이 삼국통일을 완성해주기를 바랐다. 그것은 삼한 땅에서 당나라를 몰아내야 가능한 일이었다. 당나라는 백제 땅에 웅진도독부를 두고 신라를 계림도독부라 칭했다. 그리고 고구려를 멸하자 안동도호부를 설치하고 직할 통치에 들어갔다(668년). 그들은 삼한을 넘보았다. 이에 맞서 문무왕은 당나라와의 전쟁을 착실히 준비했다.

외교관의 미소 속에 대장군의 칼을 감추고
❀

내 아들 법민은 오라버니와 선왕의 장점을 골고루 물려받았다. 그는 외교관의 미소 속에 대장군의 칼을 감추었다. 당나라에 정성껏 조공을 바치다가 갑자기 백제의 옛 도읍 사비를 기습해 웅진도독부를 신라 소부리주로 편입했다. 고구려 유민을 이끌며 부흥운동을 펼치는 안승安勝을 고구려 왕에 봉하고 당나라가 질책하면 또 사죄의 사절을 보냈다. 왕의 정신적 지주였던 유신은 마지막까지 자문하다가 79세에 세상을 떠났다(673년).

웃는 낯으로 칼을 휘두르는 문무왕에게 질렸는지, 당나라는 20만 대군을 편성해 신라를 쳤다. 675년 9월 29일에 벌어진 매소성전투는 나당전쟁의 최대 승부처였다. 당나라 기병의 돌격전은 긴 창을 겨눈 신라 장창당長槍幢의 밀집대형에 가로막혔다. 신라군은 적의 전마戰馬 3만 380필을 얻었다. 거란병과 말갈병은 비처럼 쏟아지는 신라 노당弩幢의 쇠뇌 화살에 쓰러져 죽거나 뿔뿔이 흩어졌다. 나당전쟁의 판도를 가른 대첩이었다.

이듬해 11월에는 기벌포로 들어온 적의 수군까지 패퇴시키고 당나라의 전의를 꺾어버렸다. 7년에 걸친 나당전쟁은 신라의 승리로 마침표를 찍었다. 비단길 영유권을 둘러싸고 토번吐蕃과도 전쟁을 벌이고 있던 당나라는 어쩔 수 없이 삼한에서 손을 뗐다. 오라버니와 춘추공의 숙원, 삼국통일이 완성되는 순간이었다(676년). 패수浿水(대동강) 이남에서 신라·백제·고구려·가야를 아우르는 '우리나라'가 탄생한 것이다.

나는 오라버니와 춘추공, 아들의 곁에서 삼국통일의 대업에 참여했다. 왕비이자 태후로서 온갖 부귀영화를 누렸다. 돌이켜보면 춘추공의 옷고름을 꿰매는 순간 운명이 바뀌었다.

보희 언니에게는 미안한 마음이다. 그해 연초에 언니는 기묘한 꿈을 꾸었다. 서악西岳에 올라 오줌을 누었는데 서라벌이 온통 물에 잠기는 꿈이었다. 언니는 무슨 징조인지 몰라 걱정했다. 나는 비단 치마를 주고 그 꿈을 샀다. 알고 보니 대업을 품는 길몽이었다.[20] 보희 언니는 치마 한 벌에 꿈을 판 것을 후회한 나머지 결혼하지 않고 혼자 살았다. 나는 낭군에게 권유해 언니를 첩으로 들이게 했다.[21]

그 후 우리 자매는 함께 살았다. 둘이서 아들딸을 많이 낳아 집에 먹을거리가 남아나지 않았다. 식솔들을 건사하다 보니 춘추공이 하루에 쌀 6말, 술 6말, 꿩 10마리를 먹는다는 소문이 나돌기도 했다. 언니는 내가 손이 커서 그렇단다.

지금까지 결혼동맹의 당사자로서, 또 여성의 입장에서 삼국통일 비사祕史를 돌아보았다. 사사로운 이야기지만 기록으로 남기고 '문명황후사기文明皇后私記'라는 제목을 붙인다. 후세에 전해질지는 모르겠지만 나 문희가, 여자들이, 역사의 큰 손이었다는 것을 후손들이 헤아려주기 바란다.

이방인의 사랑법
● 처용과 아내 ●

불륜남은 역병을 퍼뜨리는 귀신

"서울 밝은 달에 밤새 노닐다가 / 들어와 자리 보니 다리가 넷이구나. / 둘은 내 것인데 둘은 누구의 것인가. / 본래 내 것이지만 빼앗긴 걸 어찌하리."[22]

처용은 노래 부르고 춤추면서 방 밖으로 나왔다. 아내가 외간남자와 자는 모습을 보고도 아무 일 없었다는 표정이다. 달밤에 훨훨 소맷자락 휘날리며 덩실덩실 어깨춤을 추는 남자. 나지막이 읊조리는 향가에는 구슬픈 한숨이 깔렸다. '본래 내 것이지만 빼앗긴 걸 어찌하리?' 와락 달려들어 흠씬 두들겨

패도 모자랄 판에 못났다.

그런데 불륜남이 별안간 처용에게 와서 무릎을 꿇었다. 놀랍게도 그는 자기가 역신疫神이라고 했다. 역병을 퍼뜨리는 귀신이라는 것이다. 처용의 아내가 워낙 미인이라 평소 흠모하던 중에 사람으로 변신해 몰래 동침하게 되었단다. 갑자기 정체를 밝히면서 간통의 내막을 실토한 것이다. 어쩐지 '막장 드라마' 보는 것 같다.

뜬금없는 고백은 1,000년의 맹세로 이어졌다. "내가 공의 아내를 탐했는데도 화를 내지 않으시니 감격스럽고 아름다운 일이오. 오늘 이후로는 공의 모습을 그린 것만 봐도 그 문에 들어가는 일이 없도록 하겠소." 이 이야기를 들은 신라 사람들은 너도나도 처용의 얼굴을 그려 대문에 붙였다. 사악한 기운을 물리치고 경사스러운 일을 맞아들이기 위해서였다.

효험이 있든 없든 이야기는 재미있었고 노래와 춤은 특별했다. 그것은 일종의 제의祭儀였고, 그것이 먹히는 시대였다. 처용은 신라에 꼭 필요한 존재로 자리매김했다. 신라 사람으로 받아들여진 것이다. 어쩌면 계획적으로 벌인 일인지도 모르겠다. 구성원으로 인정받는 것이 이방인에게는 절실한 숙제였을 테니 말이다.

879년, 신라 헌강왕憲康王이 나라 동쪽의 주군州郡을 둘러보았는데 이상한 사람 4명이 나타나 임금 앞에서 노래하고 춤추었다. 그들은 생김새가 기이하고 옷차림도 해괴했다. 어디서 왔는지 알 수 없어 '산과 바다의 정령'이라고 여겼다.[23]

나라에서는 이 만남을 불교식으로 포장해 백성들에게 전파했다. 헌강왕이 개운포(울산 울주)에 행차했다가 물가에서 쉬었는데 갑자기 구름과 안개가 몰려와 한 치 앞도 분간할 수 없었다. 임금이 어찌 된 일인지 물으니 일관日官이 길흉을 점쳐보고 아뢰었다. "이는 동해 용이 부린 변괴이니 선한 업을 쌓아 풀어야 합니다." 헌강왕은 담당 관리에게 명해 근처에 사찰을 짓도록 했다. 그러자 곧 구름이 걷히고 안개가 흩어졌다. '구름이 걷힌 포구'라는 뜻을 가진 개운포開雲浦의 지명 유래다.

이때 동해 용이 기뻐하며 일곱 아들을 거느리고 임금의 수레 앞에 나타났다. 헌강왕이 쉰 곳이 물가인데 개운포 근처 태화강 상류 지역에는 절벽과 바위가 장관을 이룬 곳이 있다. 예부터 기암괴석을 용의 형상이라고 했으므로 이 경관에 빗대 동해 용과 일곱 아들을 지어냈을 것이다(실제로 울주군 범서면 선바위 일대를 '백룡담'이라고 부른다).

헌강왕은 동해 용의 아들들 가운데 하나를 데리고 서라벌에 돌아왔다. 그는 스스로 처용處容이라 일컬었다. 임금이 처

용을 각별히 총애해 아내로 삼으라고 미녀와 짝을 지어주는
가 하면 급간級干이라는 직책을 내려 정사를 보필하게 했다.
급간은 신라 17관등 중 9번째에 해당하며 진골이나 6두품이
맡는 자리였다. 철저한 골품 사회인 신라에서 출신이 불분명
한 자가 차지할 벼슬이 아니었다. 헌강왕이 얼마나 처용을 아
꼈는지 알 수 있다. 왕은 그의 마음을 붙들어 오래 곁에 두려
고 했다.[24]

처용은 어디서 온 누구인가?

🌸

처용은 과연 어디서 온 자일까? 우선 그의 생김
새를 살펴보자. 고려 문신 이재현李齊賢은 시적으로 표현했다.
"조개 같은 이와 붉은 얼굴로 달밤에 노래하며其齒顏顏歌夜月
솔개처럼 으쓱한 어깨에 붉은 소매로 봄바람에 춤을 춘다鳶肩
紫袖舞春風."[25] 서역인의 모습이 살짝 감지된다. 조선의 음악 서
적인 『악학궤범』에 실린 그림도 영감을 준다. 넓은 이마, 무성
한 눈썹, 우묵한 코, 삐죽 나온 턱 등 전형적인 서역인의 얼굴
이다.[26]

여기에 그가 나타난 곳이 개운포임을 고려하면 페르시아

만에서 신라까지 뻗친 해상교역과도 무관치 않았을 것이다. 이미 1세기에 유럽·아라비아·인도·벵골만·동남아시아·중국을 잇는 해상로가 개통되어 교역이 이루어지고 있었다. 중국『후한서』에 "대진국왕大秦國王 안돈安敦이 상아를 바쳤다"는 기록이 나온다. 로마 황제 마르쿠스 안토니우스Marcus Antonius가 보낸 상아가 바닷길로 중국에 들어온 것이다.

동서 해상로는 비잔틴 제국과 사산조 페르시아의 오랜 전쟁으로 실크로드가 쇠퇴하자 더욱 활성화되었다. 상인들은 바닷길에 주목하고 아라비아를 경유해 물품을 운반했다. 메카 등 홍해와 가까운 도시들이 중계무역의 거점으로 성장했다. 7세기에 이곳에서 이슬람 제국이 일어서며 아랍 상인들이 약진하기 시작했다. 그들은 8세기 후반에 바그다드를 본거지로 삼고 페르시아만에서 출발해 중국 남동 연안에 이르는 바닷길을 열었다.

아랍 상인들의 범선 다우선dhow船은 삼각돛을 갖춰 역풍을 헤치고 나아갈 수 있었다. 큰 배의 적재량은 180톤 정도였는데, 이는 낙타 600마리가 실어나르는 것과 맞먹었다. 향료·카펫·유리·상아·대모 등 중동 특산품과 이 지역의 수준 높은 과학 문명이 중국으로 건너갔다. 아랍인들의 중국 진출도 활발하게 이루어졌다. 광주廣州·복주福州·양주揚州 등 연안

도시에 아랍 공동체가 만들어졌다. 자연히 현지 신라방에 정착한 신라인들과의 접촉도 많아졌다. 아랍과 신라가 중국 당나라에서 운명적으로 조우한 것이다.

"중국의 맞은편에 신라가 있다. 산이 많고 여러 왕이 지배하는 나라다. 금이 많이 생산되며 기후와 환경이 좋아 (아랍인이) 살아보면 떠날 줄을 모른다." 중동 지역에 신라를 소개한 기록이 845년 이븐 쿠르다드비Ibn Khordadbeh가 편찬한 지리서『왕국과 도로 총람The Book of Roads and Kingdoms』에 나온다. 이 책에는 당대의 바닷길과 교역품도 자세히 실려 있다.

봄에 페르시아만에서 남서 계절풍을 이용해 출항한 다우선은 인도 서부, 스리랑카, 동남아시아를 거쳐 가을 무렵 중국 광주에 도착한다. 여기서 북상한 배는 항주杭州를 찍고 구로시오 해류를 탄다. 긴 항해는 흑산도 근해에서 우회해 대한해협을 거쳐 포구로 들어오면 마침표를 찍는다. 아랍 상인들은 유향·몰약·장미수·안식향 등 고급 향료로 신라 사람들을 유혹했다. 특히 유향은 불교 의식에 쓰이는 훈향燻香이라 '불국토佛國土' 신라에서 인기가 높았다. 돌아갈 때는 인삼·비단·검·말안장 등을 가지고 갔다.

처용의 생김새와 해상교역 상황을 놓고 보면 그는 향료를 팔러온 아랍인이었을 가능성이 크다. 그리고 개운포는 아랍 상선이 들어오는 포구였을 것이다. 처용 일행이 항해를 무사히 마친 것을 자축하며 포구 근처에서 노래 부르고 춤추다가 순행 중인 임금의 눈에 띄었을 수도 있다. 기이한 생김새와 해괴한 옷차림으로 이색 가무를 펼치니 참으로 볼 만한 구경거리가 아닌가? 그들을 지칭한 '산과 바다의 정령'은 가무의 제목이거나 향료 브랜드였는지도 모르겠다.

이 집 저 집 다니며 연회를 즐기다
❁

　　　그럼 처용은 왜 돌아가지 않고 신라에 정착했을까? 우선 헌강왕이 아내와 직책을 내려주며 호의를 베푸니 한번 살아보자는 마음이 생겼을 것이다. "기후와 환경이 좋아 (아랍인이) 살아보면 떠날 줄을 모른다"는 앞의 기록도 참고할 만하다.

　신라에 들어온 시기 또한 의미심장하다. 신라 왕과 만난 879년은 당나라에서 황소의 난(875~884년)이 절정으로 치닫던 때였다. 전란 중에 많은 외국인이 제대로 보호를 못 받고 약탈의 표적이 되었다. 처용이 사업상 중국에 거류하고 있었다면 신라로 피하는 것도 대안이 될 수 있었다.

신라에 정착한 처용은 일약 유명인사로 떠올랐을 것이다. 사람에게 명성이 생기면 보고 싶어지는 게 인지상정이다. 게다가 임금이 총애하는 인물 아닌가? 난다 긴다 하는 귀족들이 그를 불렀다. 이 집 저 집 다니면서 연회를 즐겼다. 처용이 "서울 밝은 달에 밤새 노닐다가" 늦게 귀가한 이유다. 과연 신라는 살기 좋은 곳이었다. 경주에서 동해안까지 집과 담이 이어져 있고, 풍악과 노래가 길에서 끊이지 않았다.[27]

처용은 사람들의 관심 속에 미녀 아내를 얻고 높은 벼슬에 올랐다. 겉보기에는 남부러울 것 없는 삶이었다. 하지만 속내는 달랐을 것이다. 어디서 왔는지 알 수 없는 자를 임금이 너무 우대한다는 불만이 커졌다. 앞에서는 웃는 낯으로 환대하지만 돌아서면 깔보고 멸시하는 자들이 늘어났다. 이방인의 비애다. 외부인이 특정 집단에 들어가려면 통과의례를 거쳐야 한다. 자기가 꼭 필요한 존재라는 것을 입증하지 않으면 안 된다. 처용은 역신, 곧 역병 귀신을 물리치는 데서 존재 이유를 찾았다.

이와 비슷한 예가 300년 전에도 있었다. 신라 진지왕은 정치가 어지럽고 음란하다는 죄목으로 쫓겨나 죽었다(579년). 2년 후 그가 생전에 탐냈던 민가 여인 도화녀가 남편을 잃자 진지왕의 귀신이 나타나 관계를 맺고 비형鼻荊을 낳았다. 비형이

자라자 귀신들이 무서워하며 도망쳤다. 이에 사람들이 노래했다. "성스러운 임금의 넋이 아들을 낳았으니 / 비형랑의 집이 여기로세. / 날뛰는 온갖 귀신들이여 / 이곳에는 함부로 머물지 마라." 민간에서는 그 가사를 써붙여 귀신을 쫓았다.[28]

이 일화는 신라 사회에서 이단적인 존재를 어떻게 다루었는지 은유적으로 보여준다. 비형은 진평왕이 거둬 궁중에서 길렀는데 밤만 되면 어딘가로 사라졌다. 왕이 날랜 군사들을 붙여 지켜보니 매일 월성을 넘어 서쪽 황천 언덕에서 귀신들을 거느리고 놀았다. 비형과 귀신 무리는 여러 절의 새벽 종소리를 듣고서야 흩어졌다.

보고를 받은 진평왕은 비형을 시켜 귀신들에게 임무를 맡겼다. 신원사 북쪽 시내에 다리를 놓으라는 것이었다. 귀신들은 왕명을 받들어 돌을 다듬고 하룻밤 사이에 다리를 놔주었다. 사람들이 그 다리를 '귀교鬼橋'라고 불렀다. 귀신들의 능력을 본 왕은 그 가운데 정치를 도울 만한 자가 있으면 천거해달라고 했다. 비형은 길달吉達이라는 자를 데려왔는데, 과연 충직하여 진평왕의 신임을 얻었다.

이벌찬伊伐湌 임종林宗에게 자식이 없자 임금은 길달을 아들로 삼게 했다. 임종은 양아들을 시험했다. 흥륜사 남쪽에 누각문을 지으라고 한 것이다. 길달은 문을 만들고 매일 밤 그

위에서 잤다. 어느 날 그가 여우로 둔갑해 달아나자 비형은
귀신을 시켜 잡아 죽였다. 귀신들은 비형의 이름만 들어도 무
서워서 도망쳤다.

도깨비들을 탄압하다

❀

비형은 귀신 진지왕과 인간 도화녀 사이에서 태
어났다. 그는 인간이면서 귀신이었고, 왕족이면서 평민이었
다. 인간과 귀신의 중간자, 도깨비였다. 이것에도 저것에도,
여기에도 저기에도 속하지 않는 이방인이었다. 실제로 비형
은 도깨비의 원형인 두두리豆豆里의 시초로 여겨졌다. 사람들
은 서라벌 남쪽 왕가수王家藪라는 숲에서 두두리를 제사 지내
고 성대하게 섬겼다.[29]

비형의 무리도 도깨비, 곧 이방인이었다. 그들도 체제에 속
하지 못하는 중간자였을 것이다. 비형처럼 지배층과 백성 사
이에서 난 서자들이었을 수도 있고, 쫓겨나 죽은 진지왕의 추
종자들이었을 수도 있다. 여러 절의 새벽종 소리에 흩어진 것
으로 보아 불교와 대척점에 선 토속신, 예컨대 두두리를 섬겼
는지도 모르겠다. 이방인들이 신라 체제에 속하려면 통과의

례를 거쳐야 했다.

설화에서 도깨비는 방망이를 휘두르며 신통한 능력을 발휘한다. 비형의 무리는 진평왕의 명을 받들어 신원사 북쪽 시내에 다리를 놓았다. 선덕여왕 때도 두두리들이 영묘사 못을 메워 불전을 세웠다고 한다. 그것도 '하룻밤 사이'라고 할 만큼 빨리 능력을 발휘한 것이다. 이방인들이 사회 구성원으로 인정받으려면 꼭 필요한 존재라는 것을 입증해야 했다. 그래서 다리를 놓고 절을 짓는 능력을 보여주었다. 이도 저도 아닌 중간자의 서러움을 씻기 위해 안간힘을 쓰며 도깨비방망이를 휘둘렀다.

그러나 통과의례는 만만치 않았다. 국왕이 허락한다고 되는 게 아니다. 귀족 세력의 인준도 받아야 한다. 진평왕은 비형의 무리 가운데 길달이라는 자를 발탁했다. 이는 이방인이라도 능력이 있으면 쓰겠다는 신호였다. 그것은 임금이 곧잘 쓰는 정치적인 책략이기도 했다. 귀족 세력을 견제하려고 신진 세력을 등용하는 것이다. 귀족 세력은 반발했다. 길달은 귀족 대표 격인 이벌찬 임종에게 시험을 받아야 했다.

흥륜사 남쪽에 누각문을 세우라는 요구는 길달의 허를 찌르는 임종의 안배였을 것이다. 그가 불교와 대척점에 선 토속신을 섬겼다면 정신적으로 매우 고통스러운 일이었다. 흥륜

이방인의 사랑법 ──────

사는 신라 불교의 공인을 이끌어낸 이차돈異次頓의 순교를 기리기 위해 지은 절이다. 그곳에 누각문을 짓는다는 것은 자신의 신앙을 거스르고 불교의 파수꾼으로 변신한다는 뜻이었다. 두두리 숭배자들이 볼 때 그것은 배신이자 변절 행위였다.

결국 길달은 통과의례를 포기하고 여우, 곧 이단적인 존재로 돌아갔다. 비형은 고심 끝에 그를 잡아 죽였다. 이미 진평왕의 사람이 되기로 결심한 이상 길달을 제거해 충성심을 증명하는 수밖에 없었으리라. 이 때문에 도깨비 무리 가운데 상당수가 돌아섰다. 비형은 체제에 순응하지 않는 도깨비들을 탄압하는 데 앞장섰다. 회유가 통하지 않으니 공포로 이방인들을 다스린 것이다.

아내의 불륜은 큰 문제가 아니다

그렇다면 300년 후 처용에게는 어떤 통과의례를 주었을까? 그것은 아내의 간통이었다. 헌강왕은 처용을 신라에 잡아두려고 미녀를 골라 아내로 삼아주었다. 사실 외지인을 정착시키는 데 이만큼 좋은 방법도 없다. 결혼하고 애 키우다 보면 세월이 어떻게 흐르는지 모르는 게 인생이다. 바로 그 아내가 외간남자와 바람난 것이다. 이거 큰일이다. 밤에 싸돌아다니느라 임금이 맺어준 상대를 잘 간수하지 못했으니 나라님 뵐 면목이 없다. 또 관직에 앉은 자로서 집안을 제대로 단속하지 못했으니 세상의 조롱거리가 될 게 뻔하다.

사실 아내의 간통 자체는 큰 문제가 아니었다. 앞뒤 정황상 그는 이슬람 세계에서 온 아랍 상인 아닌가. 당시 중동에서는 남자가 돈만 있으면 얼마든지 아내를 얻을 수 있었다. 무슬림이든, 기독교인이든, 아프리카인이든, 유럽인이든, 검은 머리든, 곱슬머리든, 금발이든 마음대로 결혼할 수 있었다. 예언자 무함마드Muhammad는 아내를 4명까지만 두라고 했지만, 칼리프Caliph · 고관 · 부자의 하렘harem(방)에는 수백 명의 여자가 득실댔다. 아내와 첩과 여성 노예들이었다. 남편들에게 잊힌 여자들은 불륜으로 시름을 달랬다. 간통 사건이 워낙 흔했다.

무함마드는 일찍이 간통죄에 대한 형벌을 정해두었다. 남녀 모두 채찍 100대로 다스린다고 못 박았다. 하지만 예언자도 총애하던 아내 아이샤Aisha가 간통 혐의를 받자, 존경할 만한 여성은 예외로 한다는 조항을 만들어 처벌을 모면하게 했다. 무슬림들은 남성 노예를 거세해 하렘의 파수꾼으로 삼았지만, 간통을 근절하지 못했다. 거세 노예들은 아내들에게 갖가지 정보와 기회를 제공하며 오히려 하렘에 군림했다. 도구

이방인의 사랑법

를 사용해 여자들을 위로하고 파수꾼 급료와 봉사의 대가를 이중으로 챙겼다.[30]

따라서 처용에게 아내의 간통은 소소하게 "본래 내 것이지만 빼앗긴 걸 어찌하리"라고 푸념할 정도의 일이었다. 문화적으로 아내에 대한 믿음이 없었기 때문이다. 당시 아랍인에게 여성은 성적으로 불성실하며 신뢰할 수 없는 존재였다. 『아라비안나이트』만 해도 왕비가 노예들과 간통하는 모습에 충격을 받은 왕이 매일 같이 잔 처녀들을 죽이는 데서 출발한다. 아름답고 영리한 셰에라자드Scheherazade가 1,001일 동안 재미있는 이야기를 들려주고서야 왕의 믿음이 회복되었다.

더구나 처용은 밤마실 다니느라 아내와 데면데면했다. 애초 믿음이 없는데 정을 쌓지도 못한 것이다. "들어와 자리 보니 다리가 넷"이어도 무덤덤할 수밖에 없지 않겠는가? 다만 아내의 부적절한 행위로 인해 자신과 맺어준 임금의 체면이 구겨질 것이다. 세상 사람들에게는 집안도 다스리지 못하는 자로 낙인찍히고 조롱당할 것이다. 신라에 정착하고 싶은데 이래서는 곤란하다.

처용은 이방인의 '도깨비방망이'를 쓰기로 했다. 그가 잘하는 것, 노래와 춤이었다. 그가 노래 부르고 춤을 추면서 속된 간통 현장은 성스러운 제의 무대로 바뀐다. 제의에 신이 빠질 수는 없다. 처용은 불륜 상대를 역신으로 만들어버렸다. 역병을 퍼뜨리는 귀신이자 사악한 기운을 대표하는 존재다. 그것은 『아라비안나이트』에 곧잘 등장하는 마신魔神, 즉 재앙을 주는 신의 변용이다.

이프리트Efreet는 이슬람 세계의 난폭한 마신이다. 여성을 좋아하기 때문에 탐나는 처녀가 있으면 데리고 가서 취하려고 한다. 지니Genie는 고대 아라비아에서 숭배한 정령으로 『코란』에도 나온다. 인간·동물·사물 등 다양한 모습으로 변신할 수 있다. 디바Diva는 페르시아의 전설적인 괴물이다. 야행성으로 밤에 활동하며 강한 자에게는 무조건 복종하고 은혜를 입으면 신세를 꼭 갚는다. 처용의 아내와 동침한 역신은 이프리트처럼 여자를 무척 밝혔고, 지니처럼 변신에 능했으며, 디바처럼 신세 지면 도움을 주었다. 역신은 곧 마신이었다.

화끈한 '복수의 노래'

🌸

신라 사람들은 처용에게서 강력한 쓰임을 찾아냈다. 그는 역병 귀신을 퇴치하는 정신적 부적이 되었다. 사악함을 물리치고 경사慶事를 맞아들이는 제웅(짚으로 만든 사람

모양의 물건)이기도 했다. 비형이 공포로 도깨비를 다스렸다면, 처용은 덕으로 마신을 감동하게 했다. 이방인은 신라의 대문과 기왓장에 자기 얼굴을 그려 넣었다. 이보다 멋진 통과의례가 어디 있겠는가?

처용은 그 후 어떻게 되었을까? 달 밝은 밤마다 거리에서 노래하고 춤추더니 나중에는 종적을 감추었다고 한다. 푸른 바다에서 왔으니 신드바드Sindbad처럼 다시 모험의 바다로 나섰을까? 자신을 아껴주던 헌강왕이 세상을 떠난 뒤 다우선을 타고 고향으로 돌아갔는지도 모를 일이다. 신라가 망해가고 있음을 간파하고 어디 물 좋은 곳을 찾아 떠났을 수도 있겠다. 당시 사람들은 처용을 신인神人이라 여겼다고 전한다.[31]

'처용가'와 '처용무'는 그 후 오랜 세월 궁중 나례 의식에 쓰였다. 섣달 그믐날 나쁜 귀신들을 쫓아냄으로써 나라가 태평하고 백성이 편안해지도록 한 것이다. 그런데 가사가 화끈해졌다. 아내를 빼앗겼는데도 고작 푸념하는 듯했던 신라 향가와 톤이 다르다. 고려가요로 재탄생한 「처용가」는 분노에 차 있다. 세월이 흐르면서 한국적 정서가 배어든 것이다.

"동경 밝은 달에 새도록 노닐다가 / 들어 내 자리를 보니 갈래가 넷이로구나 / 아으 둘은 내 것이거니와 둘은 뉘 것이뇨 / 처용 아비 곧 보시면 열병 신이야 횟갓이로다 / 천금千金

을 주랴 처용 아비야 칠보七寶를 주랴 처용 아비야 / 천금 칠보도 말고 열병 신을 날 잡아주소서 / 산이요 들이요 천 리 외에 처용 아비를 비껴가고자 / 아으 열병 대신의 발원이로다."

처용은 복수심에 불타서 열병 귀신을 들들 볶는다. '횟갓'이라는 표현이 눈에 밟힌다. 회를 치겠다는 뜻이다. 식칼 들고 세상 끝까지 쫓아갈 기세다. 열병 귀신이 천금·칠보를 들먹이며 살살 회유하지만, 씨알도 안 먹힌다. 처용을 피해 걸음아 나를 살려라, 줄행랑을 놓는 수밖에 없다. 남의 아내를 건드리면 이렇게 된다. 한국 사람들은 사생결단이다.

어느 시인의 말처럼 사람이 온다는 것은 어마어마한 일이다. 1,000년 전 푸른 바다를 건너온 이방인은 저 혼자가 아니었다. 또 다른 세계를 짊어지고 이 땅에 온 것이다. 그 기이한 노래와 춤과 이야기가 한국인의 삶에 정신적 백신으로 흐르고 있다. 어쩌면 금방이라도 부서질 것 같은 마음이었는지도 모른다. 이쪽에도 저쪽에도 속하지 못한 이방인의 외로움과 고뇌, 어긋난 사랑이 1,000년을 훑고 온 바람을 타고 뭉클 솟구쳐 오른다.

사랑은 동맹이다

● 왕건과 아내들 ●

삼한을 통합할 임금

"대왕이 만일 조선·숙신·변한의 왕이 되고자 한다면 먼저 송악松岳에 성을 쌓고 제 맏아들을 성주城主로 삼는 게 좋을 것입니다."[32]

궁예를 찾아간 사찬沙湌 왕륭王隆은 송악(개성)을 바치면서 한껏 추켜세웠다. 조선·숙신·변한의 왕이라 함은 삼한을 통합할 임금이라는 뜻이다. 궁예는 크게 기뻐하며 그를 금성 태수로 임명했다. 왕륭은 한 가지 조건을 달았다. 성을 쌓을 테니 맏아들 건을 성주로 삼아달라는 것이었다. 송악산 기슭에 곧 발어참성勃禦塹城이 지어졌고, 왕륭의 아들은 성주에 임명되었다. 896년 청년 왕건王建이 역사의 무대에 등장하는 순간이었다.

신라는 진성여왕 3년(889) 원종元宗과 애노哀奴의 난을 필두로 걷잡을 수 없이 무너지고 있었다. 조정에서는 세금을 독촉했지만, 지방의 관리와 토호들은 외면했다. 백성들은 떠돌았고 이른바 도적떼가 들끓었다. 모이면 도적이요, 흩어지면 백성이니 바야흐로 민란의 시대였다.

초야의 야심가들에게는 이런 난세가 절호의 기회였다. 영월 세달사의 승려 궁예도 그 가운데 한 사람이었다. 북원北原(원주)의 도적 우두머리 양길梁吉에게 의탁해 약간의 군사를 얻은 그는 치악산 석남사에서 깃발을 올리고 동쪽으로 진군을 시작했다.

궁예는 담대하고 파격적인 행보를 펼쳤다. 말세가 왔다면서 이제 곧 미륵이 하생下生해 이상국가가 도래한다고 외쳤다. 명주溟州(강릉)를 중심으로 신라 동북부에 널리 퍼진 미륵신앙에 불을 붙인 것이다.

태백산맥을 넘나들며 불제자로 살아왔기에 그는 지역 민심을 잘 알고 있었다. 먹고살기 힘든 농민들이 떼로 몰려들어 군사가 눈덩이처럼 불어났다. 미륵신앙의 본거지인 명주에

사랑은 동맹이다

들어갔을 때는 그 수가 3,500여 명에 이르렀다(894년). 이곳에서 농민병들을 훈련하고 지휘체계를 확립한 궁예는 장군에 추대되었다. 이듬해 그는 충성스러운 군대를 이끌고 다시 서쪽으로 출정해 철원까지 거침없이 밀어붙였다.

궁예가 신라의 동북부를 장악하고 철원에서 대왕을 칭하자 패서浿西(황해도) 호족들이 움직였다. 패서는 신라에 속했지만 '고구려색色'이 뚜렷한 지역이었다. 평주平州(평산)의 대호족 박직윤朴直胤은 스스로 '대모달大毛達'이라 칭했는데, 그것은 원래 고구려 최고위 장군직 '대모달大模達'이었다. 패강진浿江鎭이 설치되어 정예부대가 주둔했던 곳인 만큼 군사 기반도 탄탄했다.

하지만 평주를 비롯한 패서 호족들은 궁예와의 무력 충돌을 원치 않았다. 오히려 신라를 타도하고 새로운 나라를 세우겠다는 그의 포부에 매력을 느끼고 손잡으려 했다. 그들 또한 고구려를 계승하는 새 나라를 열망하고 있었기 때문이다. 바로 그 패서 호족들과 궁예의 가교로 나선 것이 송악의 왕건 일가였다.

왕건의 할아버지 작제건作帝建은 전설적인 일화의 주인공이었다. 중국 당나라 상선을 탔다가 풍랑을 만나 홀로 섬에 내렸는데, 서해 용왕을 괴롭히는 여우를 활로 쏘아 죽이고 아내 용녀와 갖가지 보물을 얻어 돌아왔다고 한다. 은유와 상징 속에 패수浿水(예성강)를 끼고 서해를 오가면서 해상무역에 종사해 부를 쌓는 선조들의 모습이 담겨 있다.

아버지 용건龍建은 야심이 큰 인물이었다. 풍수 대가 도선道詵의 가르침에 따라 말머리 모양의 명당에 36구區의 집을 지었는데, 그리하면 미래에 삼한을 통합할 임금을 낳는다는 것이었다. 이에 용건은 왕王씨를 집안의 성으로 삼고 자신은 륭隆, 아들은 건建이라고 했다.[33]

왕륭은 맏아들의 성취를 보지 못하고 일찍 세상을 떠났다 (897년). 이듬해 궁예가 철원에서 송악으로 도읍을 옮겼다. 왕건 일가의 경제력과 패서 호족들의 군사력을 취하기 위해서 였다. 그는 양길을 치고자 했다. 한때 도움을 받기는 했지만 신라 북부의 맹주가 되려면 피할 수 없는 싸움이었다.

궁예군은 양길 세력을 제압하고 한강 하류와 중부 내륙으로 쳐들어갔다. 선봉장 왕건은 광주·당성(화성)·충주·청주·괴양(괴산) 등지를 평정했다. 궁예는 드디어 건국을 선포하고 국호를 '후고구려'라고 했다(901년). 고구려를 계승하는 나라라는 의미였다. 여기에는 송악의 경제력과 패서 호족들의 군사력을 무시할 수 없는 궁예의 사정이 담겨 있었다. 이로써 후고구려·후백제·신라의 후삼국 시대가 도래했다.

사랑은 동맹이다

왕건과 궁예의 동상이몽

　　왕건과 궁예의 동상이몽, 적과 동침은 그렇게 시작되었다. 미륵의 나라를 외치며 농민병들의 충성을 얻어 일어선 궁예였다. 그들의 염원을 왕은 외면할 수 없었다. 반면 왕건은 호족들의 힘을 등에 업고 앞날을 도모해야 했다. 그는 결혼을 담보로 삼한의 호족들과 연합하는 길을 택했다. 사위의 대업을 돕지 않을 장인은 없다. 결혼은 난세에 협력과 보답을 약속하는 보증수표였다. 건국과 통일을 완수하고 새 시대를 열기까지 그가 6명의 왕후와 23명의 부인, 도합 29명의 아내를 얻게 된 이유다.

　왕건은 궁예의 신하로 공을 세우면서 두각을 나타냈다. 나주 공략은 그의 유능함과 장래성을 삼한에 각인시켜준 일대 사건이었다. 서해에서 수군을 거느리고 광주 접경에 이른 왕건은 금성 등 10여 개 군·현을 급습해 빼앗았다. 이 지역을 '나주羅州'라 명명하고 군사를 나누어 지키게 한 후 당당하게 개선했다(903년).

　그것은 발상의 전환이었다. 후백제의 배후에 기지를 구축함으로써 후고구려는 최대의 적을 남북으로 압박할 수 있게 되었다. 후백제의 왕 견훤甄萱이 뜻대로 움직이지 못하도록 발을 묶은 것이다. 그 일을 27세의 젊은 장수가 이루어냈다. 좌우의 신하가 모두 왕건을 눈여겨보게 되었고 궁예도 기특하게 여겨 알찬閼粲으로 진급시켰다.[34]

궁예의 명을 수행했다지만 이 작전은 사실상 왕건의 작품이었다. 내륙에서 힘을 키운 궁예와 달리 그의 집안은 송악의 해상 세력이었다. 수운水運과 무역에 종사하려면 믿을 만한 거래처들이 필수다.

정주貞州(개풍)의 호족 유천궁柳天弓은 왕건 일가와 두터운 신뢰를 쌓은 인물이었다. 패수의 포구인 정주는 배를 만들고 수리하는 데 유리한 조건을 갖추고 있었다. 게다가 유천궁은 손꼽히는 대부호였다. 나주 상륙전을 구상하면서 왕건은 그를 찾아가 의논했다. 뱃길을 이용해 후백제의 배후를 치겠다는 젊은 영웅의 대담한 작전에 유천궁은 탄복했다. 그는 군선 건조建造와 수군 모집을 책임지고 돕기로 했다. 단, 한 가지 조건을 달았는데 자기 딸을 아내로 삼으라는 것이었다. 미래를 내다보고 투자하지만 담보는 필요하지 않겠는가?

사랑은 동맹이다 ───────

잇달아 부부의 연을 맺다

🏵️

　　왕건은 결국 유천궁의 딸과 동침했다. 선남선녀
의 사랑 이야기는 각색되어 사람들의 입에 오르내렸다. 왕건
이 군사를 거느리고 정주를 지나다가 오래된 버드나무 밑에
서 쉬었다. 마침 한 여인이 길 옆 시냇가에 서 있었는데, 그 덕
성스러운 모습을 본 왕건이 어느 집 딸이냐고 물었다. 고을
부잣집 여식이라고 하자 젊은 장수는 부러 그 집을 찾아가 유
숙했다. 부잣집에서는 병사들을 배불리 먹이고 딸을 장수의
숙소에 들여보내 동침하게 했다.

　　이 이야기에서 '오래된 버드나무'는 정주 유씨柳氏를 가리
키는데 군대를 먹이고 재울 만큼 재력이 컸다. 이 집안이 왕건
의 최대 후원자임을 암시한 것이다. 그 덕분에 유천궁의 딸은
왕건의 적처嫡妻가 되었으니 고려 태조의 제1비 신혜왕후다.[35]

　　나주 공략은 한 번으로 그치지 않았다. 궁예는 국호를 '마
진摩震'으로 고치고 철원으로 천도를 단행했다(905년). 마진
은 범어梵語(산스크리트어)로 '대동방국大東方國'이라는 뜻이었
다. 새 도읍 철원에는 청주인 1,000호를 이주시켰다. 고구려
계승 의식이 강한 패서 호족들과의 연합을 깨고 독자적인 권
력 기반을 구축한 것이다. 호족들의 반발을 억누르기 위해 궁

예는 패서 지역에 13진을 설치하고 통제를 강화했다. 내정이 살벌해지자 왕건은 전장으로 나가길 원했고 때마침 기회가 왔다. 후백제의 견훤이 나주를 압박하고 해적 두령 능창能昌이 서남해 뱃길을 막자 궁예는 왕건을 해군 대장군으로 임명해 다시 출전시켰다(909년). 나주 서남해 평정의 막이 오른 것이다.

송악의 해상 세력 출신답게 왕건은 바다에서 무엇을 해야 하는지 잘 알고 있었다. 그는 먼저 염해현鹽海縣(영광)으로 가서 후백제가 중국 오월국에 보내는 배를 나포했다. 중국과 교류해 힘을 키우려는 후백제의 전략에 타격을 입힌 것이다. 이어서 서남해의 섬들을 공략했다. 왕건이 진도와 고이도를 손에 넣자 압해도押海島(신안)의 능창이 봉기했다. 수전水戰에 능해 '수달'이라는 별명을 가진 이 해적 두령은 왕건 수군의 앞뒤를 끊는 계책을 강구했다. 하지만 왕건은 미리 첩자를 풀어 동태를 파악하고 지원군을 모으러 나간 능창을 사로잡았다.

해상로를 장악한 왕건은 전함을 수리하고 군량미를 비축하며 후백제와의 일전을 준비했다. 이 싸움은 군사력만으로는 이길 수 없었다. 현지 호족들의 협력이 절실했다. 그 과정에서 또 다른 여인과 연을 맺었고 세간에 이야기를 남겼다.

목포 오씨 다련군多憐君의 딸이 기묘한 꿈을 꾸었다. 포구의 용이 뱃속으로 들어오는 바람에 깜짝 놀라 깬 것이다. 이 집안은 대대로 목포에 살았으며 대호족은 아니었지만 해상 활동으로 부를 쌓았다. 얼마 후 왕건이 호족들의 협력을 얻으러 찾아왔다. 그가 포구에서 멀리 시냇가 쪽을 바라보니 오색 구름이 떠 있었다. 구름이 머무는 곳에는 다련군의 딸이 빨래 하고 있었다. 기이하게 여긴 왕건은 여인을 불러 잠자리를 같이했다. 이윽고 오씨가 왕건의 장남 무武를 낳았다(912년). 고려 태조의 제2비 장화왕후다.[36]

호족들을 등에 업고 왕건은 후백제와 결전을 치렀다. 후백제군은 이미 육로로 나주를 포위하고 공격했으나 왕건과 호족들이 합심해 물리친 바 있었다. 견훤은 집요했다. 이번에는 수군을 육성해 서남해로 쳐들어온 것이다(912년). 왕건과 호족들의 연합 수군은 영산강 안쪽 나주 포구에서 후백제군을 맞이했다. 견훤은 전함들을 이끌며 밀물을 타고 영산강으로 들어왔다. 목포부터 덕진포德津浦(영암)까지 강과 땅을 뒤덮는 대군이었다. 적의 군세에 장수들이 동요하자 왕건은 태연하게 다독였다. "걱정하지 마라. 승리는 화합에서 나오는 것이지 머릿수에 달린 게 아니다."[37]

왕건은 적의 공세를 막아내면서 반격의 기회를 엿보았다. 밀물이 빠지고 썰물이 시작되었을 때 연합 수군은 일제히 후

백제 함대 한가운데로 돌격했다. 적선들이 물러나면서 전열
이 흐트러지자 왕건은 진군 방향을 바꿔 바람을 등지게 하고
화공火攻을 펼쳤다. 후백제 함대는 아수라장이 되었다. 맞바람
에 불화살이 쏟아지니 순식간에 화염이 번졌다. 불에 타거나
물에 빠져서 죽은 병사들이 태반이었다.

충성스러운 후원자들을 장인으로 삼다
❁

견훤은 어쩔 수 없이 작은 배를 타고 달아났다.
육지에서는 신출귀몰한 전법으로 승승장구한 견훤이었지만
물에서는 왕건의 상대가 되지 못했다. 왕건은 조류와 바람을
읽으면서 순간적인 결단으로 대군을 격파했다. 10년에 걸친
나주 서남해 공략의 대미를 역사적인 승리로 장식한 것이다.

삼한의 판도를 바꾼 이 전략적 성취는 견훤으로 대표되는
내륙 세력에 맞서 송악·정주·나주 등지의 해상 세력이 힘을
모아 일구어낸 것이다. 남북 해상 세력이 똘똘 뭉친 데는 결
혼이라는 강력한 동기부여가 있었다.

결혼을 담보로 송악 출신 왕건은 정주 대부호와 나주 호족
들의 전폭적인 협력을 얻었고, 그들은 젊은 주군에게서 미래

의 보상을 약속받은 것이다. 왕건이 유씨와 오씨, 두 아내를 시냇가에서 처음 만난 것은 의미심장하다. 냇가의 여인들은 해상 세력을 이어주는 결속의 고리가 아닐는지…….

왕건이 큰 전공을 세우고 돌아오자 궁예는 파진찬波珍湌 관등을 내리고 시중侍中으로서 내정을 총괄하게 했다(913년). 일인지하 만인지상一人之下 萬人之上의 자리였지만 그는 중대한 도전에 직면했다. 궁예는 국호를 '태봉泰封'으로 또 바꾸고 스스로 미륵불이라 일컬었다. 승려 석총釋聰이 요사스럽다고 비판하자 왕이 노해 쇠몽둥이로 쳐서 죽였다. 궁예의 광란은 날이 갈수록 심해졌다. 의심이 많아져 무고한 참소에 관리와 장수들을 도륙했다. 급작스레 분노할 때면 누구도 화를 피하지 못했다. 왕비 강씨도 "신통력으로 간통하는 것을 보았다"며 쇠몽둥이를 불에 달궈 치욕스럽게 죽였고, 두 아들마저 살해하고 말았다. 이런 참극들을 수습하면서 왕건은 국정을 이끌어야 했다.[38]

왕건에게도 위기가 찾아왔다. 궁예가 갑자기 눈을 희번덕거리면서 반역을 모의했다고 힐문한 것이다. 왕건이 극구 부인하자 왕은 역정을 냈다. "미륵관심법으로 사람의 마음을 훤히 들여다볼 수 있으니 속이지 마라." 그러고는 눈을 감고 뒷짐을 지더니 하늘을 우러러보았다. 이때 궁예의 상소문을 담당하던 최응崔凝이 짐짓 붓을 떨어뜨렸다. 그는 뜰에 내려와 줍는 척하다가 왕건의 곁을 빠르게 지나치며 귀띔했다. "복종하지 않으면 죽습니다." 깨달음을 얻은 왕건은 엎드려서 없는 죄를 자백했다. "신이 모반했습니다. 죽을죄를 지었나이다." 궁예는 눈을 번쩍 뜨더니 크게 웃고 용서해주었다.[39]

기지를 발휘해 왕건을 구한 최응은 황주 토산 사람이었다. 황주는 패서 최대의 고을로 대호족 황보씨가 자리 잡고 있었다. 이 집안의 가주家主 황보제공皇甫悌恭은 패서 호족들의 지도자였다. 그는 당나라에서 공부하고 돌아온 승려 이엄利嚴 (진철 대사)을 후원하는 종교 모임을 조직했는데, 실상은 패서인들의 정치 세력화를 도모한 비밀결사였다.

그들은 궁궐 안팎에 관리들을 심고 문제가 생기면 은밀하게 손을 썼다. 최응이 붓을 떨어뜨린 척하며 왕건에게 귀띔한 것은 단순한 호의가 아니었다. 당나라 상인 왕창근王昌瑾의 고경古鏡 사건도 빼놓을 수 없다. 낡은 거울의 경문鏡文을 풀이해보니 송악에 몸을 감춘 용, 왕건이 삼한을 통합한다는 도참圖讖이었다. 누군가 모함한 것인데 학자들이 다르게 해석해 왕건을 지켜냈다(918년).

궁예의 광기와 악의적인 모함에도 왕건은 패서 호족들의 도움에 힘입어 위기를 모면했다. 918년 6월 마침내 운명의

사랑은 동맹이다

날이 찾아왔다. 신숭겸申崇謙, 홍유洪儒, 배현경裵玄慶, 복지겸卜
智謙이 군사를 일으켜 궁예를 몰아내고 왕건을 국왕으로 추대
한 것이다. 새 나라의 국호는 '고려'라고 했다. 고구려를 계승
하려는 패서 호족들의 열망을 담았다. 왕건은 패서 호족들의
여식과도 결혼해 집권의 기반을 단단히 다졌다.

황주 대호족 황보제공의 딸이 왕비가 되니 고려 태조의 제
4비 신정왕태후다. 평주 출신 유금필庾黔弼·박수문朴守文·박
수경朴守卿 등도 여식들을 왕건에게 시집 보냈다. 1명의 왕후
와 8명의 부인이 패서에서 나왔다. 왕건은 결혼을 통해 패서
호족들의 정치·사회적 지위를 더욱 높여주려고 했다. 충성스
러운 후원자들을 국구國舅(왕의 장인)로 삼아 어수선한 정국을
수습하고 신생국을 원활하게 이끌 생각이었다.

결혼동맹 혹은 인질납비
❀

그러나 새로운 나라 고려는 출발부터 강한 저항
에 부딪혔다. 먼저 웅주(공주)의 마군대장군 이흔암伊昕巖이
태조 즉위 직후 철원으로 와서 반역을 꾀하다가 저자에서 처
단되었다. 이 때문에 웅주·운주(홍성) 등 금강 유역의 10여

개 주현州縣이 후백제로 넘어갔다(918년 8월).

중부 내륙의 요충지 청주도 위태롭게 흔들렸다. 청주는 궁예가 지역민을 철원으로 이주시키는 등 공을 들인 곳으로 왕건이 즉위하자 반란 조짐이 나타났다. 사안의 중대성을 감안해 왕건은 맹장 유금필과 홍유를 보냈다. 장수들은 청주와 인접한 진천을 전초기지 삼아 반란 세력을 진압하는 데 성공했다. 청주 사람 임춘길林春吉이 철원에서 꾸민 거사도 사전에 발각되어 엎어졌다. 청주가 진정된 것은 왕건이 직접 찾아가 민심을 달래고 성을 쌓은 뒤였다(919년 8월).

태조 왕건은 늘 그랬듯이 호족들과 손잡고 난관을 극복했다. 그는 지역별로 과제를 제시하고 결혼동맹을 적극 활용했다. 충주는 중부 내륙과 영동을 아우르는 주요 거점이었다. 군사적으로는 고개 너머 신라를 향해 진군하는 길목이요, 문화적으로는 불교를 매개로 명주와 교감하는 사이였다. 왕건은 일찍이 충주를 평정하면서 유씨劉氏 집안과 인연을 맺었다. 상주 일대 30여 개 성을 점령하고 후백제군을 격퇴할 때도 배후 지원을 받았다(906년). 태조는 '금석지약金石之約'을 맺고 즉위를 전후해 유긍달劉兢達의 딸을 왕비로 맞았다. 고려 태조의 제3비 신명순성왕태후다. 그녀에게서 5명의 왕자와 2명의 공주를 얻었으니, 왕건은 밤에도 정열적으로 신의를 지킨 셈

사랑은 동맹이다 ————

이다.

충주 유씨 또한 태조에게 충성을 다했다. 명주 장군 김순식
金順式이 복종한 것도 시랑侍郎 유권열劉權說과 이 집안의 노력
덕분이었다.[40] 태백산맥 너머 명주는 왕건의 골칫거리였다.
애초 궁예가 일어난 곳인데다 그의 측근 김순식이 많은 군사
를 거느리고 있었기 때문이다. 그러나 충주 유씨 집안에서 회
유한 덕분에 김순식은 차츰 독자 노선을 버리고 왕건에게 기
울어졌다. 922년에는 고려에 귀순해 왕씨 성을 하사받고 대
광大匡에 임명되었다.

금강 유역에서 당한 손실은 '왕건다운' 방식으로 해결했
다. 태조는 아산만 공략이라는 승부수를 띄웠다. 나주에 이어
해상 세력의 본색을 드러낸 것이다. 뱃길을 이용해 아산만으
로 들어가면 금강 유역의 배후에 군사 지원과 보급을 원활하
게 할 수 있었다.

태조는 시중 김행도金行濤, 개국공신 홍유 등 거물급 인사들
을 각각 아주(아산)와 예산에 보내 인근 호족들을 포섭했으며,
천안도독부를 설치해 거점으로 삼았다. 아산만 일대가 안정
되자 왕건은 직접 금강 유역 정벌에 나섰는데 운주에서 견훤
군을 대파하고 웅주 등 30여 개 성의 항복을 받았다(934년).

여기서도 결혼동맹이 위력을 발휘했다. 제10비 숙목부인

(진천, 임명필林明弼의 딸), 제11비 천안부원부인(천안, 임언林彦의 딸), 제12비 흥복원부인(운주, 홍규洪規의 딸) 등이 태조의 비가 되었다. 결혼동맹이라고 해서 꼭 우호적인 의미만 있는 것은 아니었다. 모반에 대비해 '인질납비人質納妃', 즉 볼모로 딸을 바치게 하기도 했다.

삼한의 사위, 왕서방

결혼동맹과 호족 연합으로 왕건은 '삼한의 사위 왕서방'이 되어갔다. 태조는 신라의 항복을 받아 삼한통합의 마침표를 찍기로 했다. 견훤이 이끄는 후백제군이 천년 고도 경주를 약탈했을 때 신라는 사실상 끝장났다(927년). 견훤은 경애왕景哀王을 핍박해 자살하게 하고, 왕비는 강제로 욕보였다. 그리고 헌강왕의 외손자인 김부金傅(경순왕)를 왕위에 앉히고 포로와 병장기와 보물들을 다 거두어 돌아갔다.

신라를 구원하러 간 왕건은 공산전투(대구)에서 견훤에게 참패를 당했으나, 고창전투(안동)에서는 지방 세력의 도움을 받아 설욕했다(930년). 호족들은 큰 전투의 승패에 따라 고려냐 후백제냐, 왔다 갔다 했다. 왕건은 신라의 항복이 대세를

사랑은 동맹이다

판가름할 것이라고 보았다. 망해가는 나라지만 천년 왕국의 정통성은 강력한 명분이자 힘이었다. 견훤이 신라를 깔아뭉갰다면, 왕건은 어르고 달래며 노련하게 옥죄었다.

신라 경순왕敬順王은 망국의 군주지만 똑똑한 출구 전략을 펼쳤다. 그는 신라의 몸값이 정점을 찍을 때까지 기다렸다. 얼마 후 후백제에서 후계 다툼이 일어나 늙은 견훤이 맏아들에게 쫓겨났다(935년). 고려와 후백제의 팽팽하던 힘의 균형이 깨지는 순간, 경순왕은 항복을 결정했다.

신라 왕의 행렬이 경주에서 출발해 개경으로 향했다. 천년 왕국의 정통성을 고려에 넘기는 장엄한 의식이었다. 관망하던 호족들도 앞다퉈 고려에 충성을 맹세했다. 개경에서 경순왕은 왕건의 맏딸 낙랑공주와 결혼하고 낙랑 왕에 봉해졌다. 왕건은 경순왕의 사촌 누이를 아내로 맞이했다. 고려 태조의 제5비 신성왕태후다. 그것은 결혼동맹의 결정판이었다. 이제 신라와 고려는 한 가족이 되었다.

경순왕의 '항복 사업'은 성공적이었다. 멸망 직전의 신라를 인수한 그는 후백제 멸망 직전 고려에 팔았고, 그 덕분에 신라 지배층은 개경에 안착해 미래를 보장받았다. 나라를 다스려본 그들은 고려의 관료로 자리 잡았다.

결혼동맹의 후유증

✿

　　　　　태조 왕건은 마침내 후백제를 멸망시키고 후삼국을 통일했다(936년). 문제는 그다음부터였다. 호족과 공신들의 힘을 모으려고 맺은 문어발식 결혼동맹이 심각한 부작용을 초래했다. 29명의 부인에게서 34명의 자식(왕자 25명, 공주 9명)을 얻었으니 태조 사후에 어지러운 왕위 다툼이 불가피했다.

　　그 중심에는 정식 부인인 6명의 왕후와 국구 집안들이 있었다. 신혜왕후 유씨는 적처로서 고려 건국에 공이 컸다. 배현경·홍유·신숭겸·복지겸 등 4대 공신이 찾아와 의거를 촉구했으나 왕건이 완강하게 거부하자 손수 남편에게 갑옷을 입혀 건국의 길에 나서도록 만들었다.[41] 정주 유씨 세력도 자금줄 노릇을 톡톡히 했다. 그 공을 높이 평가한 태조는 신혜왕후가 자식을 보지 못하자 이 집안에서 제6비 정덕왕후를 들이기도 했다. 왕의 핏줄을 얻으라고 배려한 것이다.

　　하지만 다음 보위는 제2비 장화왕후 오씨 소생인 맏아들 무에게 돌아갔다. 제2대 왕 혜종惠宗이다. 장화왕후의 집안은 군사력, 경제력, 신분 뭐 하나 내세울 게 없었다. 대호족이 아닐뿐더러 후백제의 공격으로 일찍이 멸문지화를 입은 것으로 보인다. 배경이 없는 장화왕후는 왕실에서 깔보였다. 왕건이 임신시키지 않으려고 돗자리에 사정했는데 왕후가 그것을 취해 무를 가졌다는 이야기까지 나돌았다.[42] 태조가 맏아들을 아껴 자황포柘黃袍(황제의 도포)를 하사하고 대광 박술희朴述希를 시켜 돕지 않았다면 혜종도 즉위하지 못했을 것이다.

새 왕은 결국 재위 2년 만에 의문의 죽음을 맞았다. 제3비 신명순성왕태후 소생인 동생 요堯(정종)와 서경(평양)의 군권을 쥐고 있던 당숙 왕식렴王式廉이 결탁해 개경을 장악한 직후의 일이었다. 이때 한강 하류의 대호족 왕규王規와 혜종의 즉위를 도운 박술희도 제거된다. 정종定宗도 얼마 후 세상을 떠나고 뒤를 이어 친동생 소昭가 즉위하니 제4대 왕 광종光宗이다. 강력한 외척과 호족 세력 때문에 왕권이 거듭 위협받자 광종은 노비안검법과 피의 대숙청으로 그들의 힘을 빼는 한편, 새로 과거제를 실시해 유학을 배운 관리들을 등용하고 견제 세력으로 키운다.

한편 고려 왕실에서는 태조의 신성한 혈통을 보존한다는 명목으로 이복남매간인 왕건의 자녀들을 서로 혼인시켰다. 그들의 외가인 호족 세력은 왕자와 공주의 근친혼을 통해 정치적으로 피를 섞으며 합종연횡을 거듭했다. 이 과정에서 패서 황보씨 출신인 제4비 신정왕태후가 왕실의 큰 어른으로 떠올랐다. 제5대 왕 경종景宗은 그녀의 외손자, 제6대 왕 성종成宗은 친손자였다. 신정왕태후는 딸(광종비 대목왕후)과 손녀들(경종비 헌애왕태후·헌정왕후)을 국왕과 혼인시키고 손자(성종)를 왕위에 앉히며 피의 대숙청으로 지리멸렬한 호족 세력을 다시 결집했다.

그러나 성종은 최승로崔承老의 시무 28조를 받아들이고 유학자 관리들을 중용해 유교 정치에 박차를 가했다. 이에 호족 세력은 경종의 아들을 낳은 헌애왕태후를 중심으로 뭉쳤다. 패서 황보씨의 피를 나눈 친남매의 대립이었다. 997년 성종이 후사 없이 세상을 떠나고 경종의 아들 송誦이 즉위하니 제7대 왕 목종穆宗이다. 섭정이 된 헌애왕태후는 천추전에 들어가 권력을 휘둘렀다(천추태후). 또 연인 김치양金致陽과 사통해 아들을 얻자 목종의 후계자로 삼으려고 했다. 이를 눈치챈 목종은 대량원군 순詢에게 양위하기로 결심하고 서북면도순검사 강조康兆를 불러 왕궁을 호위하게 했다. 서경 군사들을 이끌고 온 강조는 오히려 정변을 일으켜 천추태후 정권을 타도하고 왕까지 살해했다(1009년).

이어서 대량원군 순이 왕위에 올랐다. 제8대 왕 현종顯宗이다. 그의 아버지 왕욱王郁은 제5비 신성왕태후의 아들이다. 신성왕태후는 경순왕의 사촌 누이이므로 신라계 왕자라고 볼 수 있다. 현종의 어머니는 제4비 신정왕태후의 손녀이자 경종비였던 헌정왕후다. 성종, 천추태후와 함께 패서인의 피가 흘렀다. 비록 사통해 낳은 아들이지만 새 왕은 개경에 안착한 신라계 관리·유학자들과 고구려 계승 의지가 강한 패서 호족들을 아우를 수 있는 혈통을 갖고 있었다.

현종은 거란의 침입을 물리치고 제2의 창업을 이끈 중흥 군주다. 신라의 정통성을 잇고 고구려의 혼을 계승한 그의 왕통은 이후 고려의 정체성을 형성한다. 태조 왕건의 문어발식 결혼동맹이 빚은 혼란은 비로소 가라앉고, 고려는 기나긴 안정을 누리며 문벌귀족 사회를 이룬다.

노예가 된 아내를 찾아서

● 정생과 홍도 ●

홍도의 행방을 수소문하다

달밤에 흐르는 퉁소 소리에 정생鄭生은 등에 소름이 돋아 귀를 쫑긋 세웠다. 그 애처로운 가락에 잃어버린 아내의 한숨이 배어 있는 것 같았다. 부인을 찾아 이역만리 중국 대륙을 헤매고 다녔다. 절강浙江 가는 배 위에서 그리운 퉁소 가락을 들을 줄이야. 다른 사람은 몰라도 남편은 알아차렸다. 홍도紅桃, 그의 아내였다.

정생과 홍도의 기이한 일화는 유몽인柳夢寅이 편찬한 『어우야담於于野譚』에 실려 있다. 유몽인은 1589년 문과에 장원

급제하고 광해군 때 대사간·이조참판을 지낸 문신이다. 그는 북인이었지만 1618년 인목대비 폐비에 반대해 조정에서 물러났다. 이후 문장가로서 임진왜란 전후 백성들의 삶을 자유롭고 독창적인 필치로 『어우야담』에 담아냈다. '야담'이란 민간에 떠도는 이야기를 말한다. 그 가운데 난리통에 잃어버린 아내를 찾아 남편이 먼 길을 나선 일화가 눈길을 끈다.

정생은 남원 사람으로 호탕한 남자였다. 마을 처녀 홍도와 결혼해 아들 몽석을 낳았다. 이들 부부는 금실이 좋았다. 정생은 원래 통소를 잘 불고 노래도 꽤 하는 편이었다. 그는 아내에게 통소를 가르치고 그녀의 가락에 맞춰 노래로 화답하기도 했다. 부부의 소리는 화목하게 어우러졌다.

두 사람이 생이별한 것은 1597년(정유년)의 일이었다. 임진왜란이 강화 협상으로 소강 상태에 들어갔다가 다시 불붙은 해다. 왜적은 조선을 다시 침략해 남원성을 포위하고 맹공을 퍼부었다. 정생은 활 쏘는 군인이 되어 적들을 막았다. 홍도 또한 남몰래 남자 복장을 하고 군영에서 지냈다. 아들 몽석은 할아버지가 데리고 지리산에 들어갔다.

조명연합군과 남원 백성들이 항전했지만, 성은 함락되고 말았다. 명나라 장수 양원楊元이 탈출하자 정생은 경황없이 따라나섰다. 아수라장이었다. 왜적이 사방에서 쏟아져 들어왔다. 성에서 빠져나오기는 했으나 그만 홍도와 헤어졌다. 그는 어쩔 줄 몰라 길에 주저앉았다. 사랑하는 아내를 잃어버린 것이다.

정생은 미친 듯이 홍도의 행방을 수소문했다. 양원의 부대가 명나라로 돌아갔다는 소식이 들려왔다. 그 부대에서 인상 착의가 비슷한 조선 사람을 보았다고 누군가 알려주었다. 부랴부랴 중국으로 건너갔다. 명군이 출병한 절강은 머나먼 곳이었다. 그는 혹독한 굶주림과 피로에도 아내를 포기하지 않고 뚜벅뚜벅 나아갔다.

조선에서 온 이방인의 사연에 중국인들도 감복했다. 지위 높은 도사가 정생을 절강 가는 배에 태워주었다. 바로 그 배 위에서 홍도의 통소 소리를 들은 것이다. 구슬픈 가락은 지나가는 장삿배에서 흘러나왔다. 밤안개에 가려 보이지는 않지만 분명했다. 아내가 아니라면 불 수 없는 곡조였다. 정생은 얼른 작은 배로 갈아타고 쫓으려 했다. 도사가 말렸다.

"아무래도 남만南蠻의 장삿배 같소. 왜인들도 타고 있을지 모르오. 조선 사람이 무작정 갔다가는 필시 변을 당할 테니 이 일은 나한테 맡기시구려."

이튿날 아침, 그는 은자銀子를 챙겨 간밤의 배를 찾아갔다. 장사꾼들은 수십 냥을 받고 통소 분 자를 내주었다. 아니나

　　　　　　　　　　　노예가 된 아내를 찾아서

다를까 홍도였다. 정생이 오매불망 찾아 헤맨 아내였다. 두 사람은 깜짝 놀라 서로 부둥켜안았다. 꾹꾹 눌러둔 그리움이 터져 나왔다. 둑이 무너진 듯 북받쳐서 목놓아 울었다. 극적인 부부 상봉이다. 믿기지 않는 재결합이다.

　이게 어찌 된 일인가? 그녀는 어째서 남만의 장삿배에 타게 되었는가?『어우야담』에서는 왜적에게 포로로 잡혀 일본에 끌려간 것으로 설명하고 있다. 왜인들이 홍도가 남장 여인임을 알아보지 못하고 남만의 장삿배에 노예로 판 것이다.

조명연합군과 왜군의 남원전투

　　　　이쯤에서 시대 배경을 되짚어볼 필요가 있겠다. 역사적으로 이해할 수 있는 일화인지 살펴보자는 말이다. 남원전투는 1597년 추석에 조명연합군과 왜군이 남원성에서 벌인 일대 공방전이었다. 명나라와의 강화 협상이 결렬되자 도요토미 히데요시豊臣秀吉는 일본 서부 다이묘大名들에게 동원령을 내렸다. 그해 1월 왜군 14만 병력이 대대적으로 조선을 침범했다. 왜군은 7월 15일 칠천량에서 원균元均이 지휘한 조선 수군을 궤멸하고 성난 파도처럼 남원으로 몰려들었다.

남원은 예부터 왜적이 표적으로 삼은 요충지였다. 서쪽으로는 전라도 곡창지대가 펼쳐지고, 동쪽은 지리산 너머 경상도를 넘나든다. 섬진강을 따라 바다와 통하니 일본을 오가는 물길도 수월하다. 군사·경제·교통 등 여러모로 이점이 많은 곳이다. 적들이 보기에 내륙의 침략 기지로 탐나는 고장이었다.

1380년 아지발도阿只拔都가 거느린 왜구 정예 병력이 남원을 공략한 것도 그래서다. 그들을 남원에서 격파한 고려 장수가 이성계李成桂다. 그는 남원 땅에서 구국의 영웅으로 떠올랐다. 그 덕분에 정계 요직에 진출하고 지지 세력을 모았다. 결국 이성계는 이곳에서 왜적을 섬멸해 조선 건국의 발판을 마련한 셈이다.

그러나 1597년의 공방전은 비극적인 결말로 치달았다. 도요토미 히데요시는 임진왜란 초기에 전라도를 점령하지 못해서 자신의 전략이 망가졌다고 보았다. 실패를 되풀이하지 않으려고 남원을 먼저 공략했다. 남해에 상륙해 섬진강을 거슬러온 좌군과 경상도를 가로질러 지리산을 넘은 우군이 여기서 합류하기로 했다. 남원에 대군을 집결시켜 호남을 장악하고 한양으로 북진할 계획이었다.

조명연합군도 알아차렸다. 조선군은 남원 서북쪽의 교룡산성에서 왜적을 맞고자 했다. 전쟁에서 대군의 공격을 소수로 방어하려면 험난한 지형과 튼튼한 요새에 기대는 것이 순리였다. 하지만 명나라 부총병副摠兵 양원이 반대했다. 요동 벌판에서 기병을 이끌던 장수다. 산보다는 들에서 싸워야 공을 세울 수 있다고 믿었다. 지휘권을 가진 그는 천혜의 요새 교룡산성을 버리고 평야에 증축한 남원성에 들어갔다.

8월 13일 왜장 고니시 유키나가小西行長 등이 이끄는 좌군(수군 포함) 5만여 명이 남원성을 포위하고 공격을 개시했다. 성은 부총병 양원과 전라병사 이복남李福男 등이 지키고 있었다. 병력은 명군 3,000명과 조선군 1,000명이었다. 5만여 명 대 4,000명이라니 중과부적이었다. 조명연합군의 군세가 턱없이 모자라 성에 남은 백성들이 힘을 보태야 했다.

왜군은 조총을 쏘아대며 사방에서 조여왔다. 조명연합군은 화력이 센 포와 총통으로 맞섰다. 백성들이 파둔 참호를 사이에 두고 치열한 공방전이 벌어졌다. 이튿날 왜군은 개미 떼처럼 달려들어 성 주위의 참호를 메우고 성벽보다 높은 망루들을 세웠다. 8월 15일 성을 둘러싼 망루에서 적들의 파상 공세가 펼쳐졌다. 위에서 아래로 총알과 화살을 소나기처럼 퍼부었다. 명군이 견디지 못하고 무너졌다. 남문·서문·동문이 뚫리고 말았다.

악몽의 추석이었다. 왜군이 성 안으로 쏟아져 들어와 닥치는 대로 칼을 휘둘렀다. 명나라 부총병 양원은 수하들만 데리고 성을 탈출했다. 지휘관이 도망치자 명군은 우왕좌왕하다가 적의 칼에 쓰러졌다. 조선군과 백성들은 북문 쪽에 집결해 최후 항전에 나섰다. 필사적으로 싸웠지만, 활로를 뚫지는 못했다. 왜적이 이중삼중으로 에워쌌기 때문이다. 결국 남원성은 도합 1만여 명의 전사자와 희생자를 남긴 채 8월 16일 함락되었다.

'해적 상인'에게 노예로 팔려가다

　　　　　성에 쌓인 시신들은 북문 밖 구덩이에 묻혀 먼 훗날 만인의총萬人義塚으로 기려지게 된다. 물론 『어우야담』의 정생과 홍도 부부처럼 그 아수라장에서 극적으로 살아남은 이도 적지 않았을 것이다. 정생은 양원이 탈출할 때 함께 성에서 벗어났다고 했다. 때마침 양원과 수하들의 곁에 있다가 얼떨결에 따라갔다면 운 좋게 목숨을 구할 수도 있었을 것이다. 홍도처럼 적에 사로잡혀 해외에 노예로 팔릴 가능성은 더욱 높았다.

　임진왜란 기간(1592~1598년) 왜적에 납치된 조선인은 10만

　　　　　　　　　　　　　노예가 된 아내를 찾아서

여 명에 이르는 것으로 알려져 있다. 특히 1597년의 정유재란 이후 그 수가 많이 늘어났다. 일본은 피랍 조선인들을 영주와 무사들에게 전리품으로 분배하고 각지에 보내 성을 쌓거나 도로를 닦는 부역에 종사시켰다. 그 실상은 일본에 끌려갔다가 돌아온 이들의 기록에 생생하게 담겨 있다.

"수천 척의 왜선이 바다와 항구에 가득 찼다. 승선자 중 반수 이상이 우리나라 남녀인데 서로 뒤섞였다. 울음소리가 하늘에 사무쳐 바다가 흐느끼는 것 같았다."[43]

"(도쿠시마성 주변에 구류되었을 때) 다리 위에서 열 사람을 만나면 열에 아홉은 다 조선인이었다. 한숨지으며 울부짖다가 밤이 깊어서야 헤어졌다."[44]

피랍자 가운데는 해외에 노예로 팔려간 사람도 많았다. 『어우야담』의 홍도는 남만 장삿배에 팔린 노예라고 볼 수 있다. 그녀의 처지는 자못 궁금증을 자아낸다. 임진왜란 당시 조선인 인신매매는 어떻게 이루어졌을까? 또 노예무역에 종사한 상인은 누구이고, 남만 장삿배의 정체는 무엇일까?

"일본에서 상인들이 들어왔다. 남녀노소 할 것 없이 포로들의 목을 새끼줄로 묶어 끌고 갔다. 걷지 못하면 뒤에서 몽둥이를 들고 쫓아가 두들겨 팼다. 지옥의 옥졸이 죄인을 다루는 것 같아 차마 눈 뜨고 볼 수 없었다."

일본의 종군 승려 게이넨慶念이 『조선일일기朝鮮日日記』에 쓴 목격담이다. 정유재란 때 조선에 건너온 그는 왜적이 살육하고 불태우고 약탈하는 아비규환의 참상을 담담하게 기록했다. 일본에서 들어온 노예 상인들이 피랍 조선인들을 짐승 취급하며 끌고 가는 광경도 묘사했다. 노예가 된 이들은 오늘날의 나가사키현長崎縣 등지로 끌려갔다.

나가사키현 북부 히라도섬平戶島과 마쓰우라松浦는 13~14세기에 고려를 노략질한 왜구의 본거지였다. 16세기에 이르면 이곳으로 중국 장삿배들이 드나든다. 명나라 조정에서 외국과의 민간무역을 금지하자 밀무역과 약탈을 일삼은 자들이다. 그들은 절강·복건福建 등 중국 동남 연안을 주름잡았다. 말이 장삿배지 사실상 해적이나 다름없었다.

명나라 조정의 감시와 추적이 심해지자 그중 일부가 일본 규슈에 근거지를 마련했다. 왕직汪直·서해西海와 같은 중국인 해적왕들이었다. 규슈 다이묘들은 전비 마련을 위해 그들을 후원하고 밀무역과 약탈의 수입을 나누어 가졌다. 히라도번平戶藩이 대표적이었다. 훗날 명나라 수복 운동을 벌인 정성공鄭成功도 여기서 중국인 아버지와 일본인 어머니 소생으로 태어났다.

이들 '해적 상인'의 고객은 동남아시아를 장악하고 있던

노예가 된 아내를 찾아서

포르투갈·스페인·네덜란드 무역상들이었다. 해적 상인들은 비단·도자기 등 고객이 원하는 상품이라면 무엇이든 취급했다. 인신매매도 빼놓을 수 없었다. 당시 유럽인들은 서아프리카의 흑인들을 신대륙에 내다 파는 노예무역으로 재미를 톡톡히 보고 있었다.

오랑캐에게 잡혀가느냐, 목숨을 끊느냐
✿

임진왜란이 터지자 싸고 근면한 조선인 노예들이 쏟아져 나왔다. 『조선일일기』에서 일본 승려 게이넨이 본 '지옥의 옥졸'은 그 해적 상인들이었을 것이다. 그들은 조선인 피랍자들을 끌고 가 히라도섬 등지에서 노예로 팔았다. 포르투갈 노예상들이 큰손이었다. 공급이 넘치는 바람에 마카오 노예시장의 시세가 예년의 6분의 1 수준으로 떨어지기도 했다. 수많은 조선 사람이 동남아시아로, 인도로, 유럽으로 팔려나갔다.

가격은 헐값이었다. 이탈리아 상인 프란체스코 카를레티 Francesco Carletti는 『나의 세계 일주기My Voyage Around the World』에 "조선인 노예 5명을 12에스쿠도(포르투갈 화폐 단위)에 샀다"고 썼다. 당시 흑인 노예 1명의 가격이 100에스쿠도였다. 조총 한 자루로 조선인 노예 40명을 살 수 있었다. 홍도 역시 헐값으로 남만 장삿배에 팔렸을 것이다. 중국인과 일본인으로 이루어진 해적 상인들의 배라고 봐도 무방하다. 노예가 된 사람을 구출하려면 몸값을 치러야 한다. 정생과 달리 도사는 그것을 알고 있었다.

전란이 일어나면 '인간시장'이 호황을 누린다. 어디 임진왜란만 그랬던가? 병자호란(1636~1637년) 때는 더했다. 조선을 짓밟은 청나라 군사들은 특히 여자 포로들을 사로잡는 데 혈안이 되었다. 몸값을 많이 챙길 수 있었기 때문이다.

1637년 1월 세자빈과 원자元子, 명문 양반가들이 피난 간 강화도가 청군에 함락되었다. 지체 높은 여성들은 오랑캐에게 잡혀가느냐 스스로 목숨을 끊느냐, 갈림길에 섰다. 자의 반타의 반 자결을 택한 여인이 많았다. 나무에 목을 맸고, 칼로 가슴을 찔렀고, 바다에 몸을 던졌다. 양반 남성들은 아내와 어머니, 딸과 며느리에게 자결을 독촉하기도 했다. 정절을 더럽혀 가문에 오점을 남기지 말라는 것이었다.

하지만 사람이 생목숨 끊는 게 쉬운 일은 아니다. 강화도를 비롯해 조선 각지에서 여자들이 포로가 되어 심양瀋陽으로 끌려갔다. 청군은 일부 여성들을 첩으로 삼기도 했지만 대부분

몸값을 받고 팔았다. 포로들을 성문 밖에 모아 공개적으로 인신매매했다. 조선의 가족들은 거금을 내고 여인들을 찾아왔다. 이를 '속환贖還'이라고 불렀다.

조선은 청나라와 교섭을 벌여 포로 몸값을 은 25냥 내외로 정했다. 이 가격은 어디까지나 액면가일 뿐 실제로는 250냥에 달했다. 고관들이 남몰래 뒤로 빼내려다 몸값을 키운 것이다. 청나라 장수 용골대龍骨大나 통역관 정명수鄭命壽 등에게 1,000냥이 넘는 거금을 뇌물로 바쳤다고 한다. 덩달아 속환 가격이 천정부지로 치솟아 애먼 사람들만 발을 동동 굴려야 했다.

몸값을 내고 돌아와도 문제였다. 양반가 속환녀들은 정절을 잃은 것으로 간주해 강제 이혼에 직면했다. 인조의 사돈인 신풍부원군新豊府院君 장유張維가 예조에 단자單子를 올렸다. "외아들 장선징張善瀓의 처가 강화도 함락 때 잡혀갔는데 지금은 속환되어 친정에 가 있습니다. 아들의 배필로서 조상의 제사를 받들게 할 수 없으니, 이혼하고 새로 장가들 수 있도록 허락해주소서."[45]

장유는 예론을 집대성한 김장생金長生의 문인이었다. 속환녀들이 하나둘 돌아오자 강경한 예론이 고개를 들었다. 속환된 아내는 정절을 잃은 것이나 마찬가지이니 남편과 시가에 대한 의리가 끊어졌다고 본 것이다. 예론상 이혼이 성립된다.

친정 부모에게는 억장이 무너지는 소리였다. 전 승지 한이겸韓履謙은 딸이 잡혀갔다가 풀려났는데 사위가 다시 장가를 가려고 한다며 징을 쳐서 임금에게 격쟁했다. 좌의정 최명길崔鳴吉이 이혼을 반대하고 나섰다.

"신이 심양에 갔을 때 속환하려고 따라가는 사족士族이 많았습니다. 남편과 아내가 서로 부둥켜안고 통곡하기를 마치 저승에 있는 사람을 만난 듯이 했습니다. 만약 이혼을 허락한다면 속환을 원하는 사람이 사라질 것입니다. 이는 조선의 부녀자들을 영원히 이역의 귀신으로 만드는 것입니다. 한 사람은 소원을 이루고 백 집에서 원망을 품으니 화기和氣가 상할까 우려됩니다."46

그는 청나라와 교섭하기 위해 심양에 다녀온 바 있다. 마땅한 도리라도 전쟁의 급박한 상황에서는 달리 봐야 한다고 생각했다. 심양에 끌려가면서도 지조를 지키고자 목숨을 던진 부녀자가 많았다. 속환되었다고 해서 무조건 절개를 잃었다고 매도할 수는 없었다. 그런 의미에서 인조도 아내를 함부로 버려서는 안 된다고 한 것이다.

그러나 속환 아내를 둔 양반가 자제들은 이내 새장가를 들고, 다시 합치지 않았다. 예론을 빙자해 사대부의 체면과 위신

노예가 된 아내를 찾아서

을 세우려고 한 것이다. 반면 백성들은 부부의 정을 무엇보다 소중히 여겼다. 그럼 정생과 홍도 부부의 뒷이야기를 살펴보자.

부부는 인륜의 시작이다

❀

절강 땅에서 재회한 두 사람은 거기 정착해 살았다. 둘째 아들 몽현을 낳아서 기르다가 눌러앉은 것이다. 몽현은 장성해 중국인 아내를 얻었다. 그녀의 아버지는 임진왜란 때 조선에 원정 갔다가 돌아오지 않았다. 언젠가 아버지가 전사한 곳을 찾아가 넋을 위로하고 제사를 올리기 위해 딸은 스스로 조선인에게 시집갔다.

세월이 흘러 정생도 북방으로 원정을 떠나게 되었다. 누르하치가 후금을 세우고(1616년) 남하를 개시하자 명나라가 군사를 일으킨 것이다. 1618년 총병관總兵官 유정劉綎의 부대에 배속된 그는 이듬해 심하深河전투에서 조선군과 함께 후금군에 맞서 싸웠다. 조선 장수 강홍립姜弘立이 광해군의 밀명에 따라 후금에 항복하자 정생도 행보를 같이했다.

명군으로 전쟁에 나간 그는 조선 사람으로 풀려났다. 고향 남원까지는 먼 길이었다. 이산현(논산)을 지나는데 다리에 종기가 나서 침놓는 의원을 찾아갔다. 중국인 의원은 놀랍게도 며느리의 아버지였다. 명나라 군대가 철수할 때 낙오되어 조선에 남은 것이다. 사돈임을 알게 된 두 사람은 동행이 되어 남원으로 갔다. 옛집에는 큰아들 몽석이 처자식을 건사하며 살고 있었다. 정생은 기쁘면서도 내심 울적했다. 절강에 두고 온 아내 생각이 간절했다.

홍도는 남편이 돌아오지 않자 죽었다고 여겼다. 세상만사 무상해진 그녀는 고향에 돌아가기로 결심했다. 작은 배를 세내어 일가족이 바다로 나섰다. 홍도와 몽현 부부는 하마터면 굶어 죽을 뻔했으나 천행으로 제주도 부근에서 통제사의 순찰선을 만났다. 표류한 사연을 들은 뱃사람들이 감동해 작은 배를 순천까지 끌어주었다. 고향 집에 당도한 홍도는 이게 꿈인가 생시인가 했다. 거기 정생이 있었다. 젊은 날의 호탕한 낭군이 환히 웃고 있었다.

그 난리를 겪고 만릿길을 헤맸지만, 정생과 홍도는 두 번째로 재회했다. 온 가족이 무사히 상봉했다. 심지어 중국인 부녀까지……. 유몽인은 말한다. "기약 없는 만남이 바람과 파도 넘어 국경 밖에서 이루어졌다"고. 지성이면 감천이 아닐 리 없다.

그것은 전쟁통의 백성들에게 이치로 헤아릴 수 없는 행운

　　　　　　　　노예가 된 아내를 찾아서

이며, 끝내 놓지 못하는 희망의 끈이었다. 민간에 떠도는 야담이 그러하다. 실제로 있었던 일이건, 부풀리거나 지어낸 이야기이건, 여기에는 전란기 백성들의 애환과 바람이 담겨 있다. 전쟁이 일어나면 가장 고통스러운 게 힘없는 민초의 삶이다. 죽고 다치고 잃고 헤어지는 도탄의 구렁텅이에서 그들은 부부의 끈을 잡고 다시 일어섰다. 부부는 인류의 시작이요, 희망의 발판임을 정생과 홍도의 극적인 일화가 일깨운다.

제 2 장

사랑을 배반하다

사랑의 배신

● 소서노와 주몽 ●

동부여에서 쫓겨오다

　　"백제 시조는 소서노 여대왕이며, 한양 하북위례 성에 도읍을 정했다. 재위 13년에 죽으니 조선 역사상 유일한 여성 창업자요, 고구려와 백제 두 나라를 건설한 사람이다."[1]

　기원전 37년까지 소서노召西奴는 자신의 인생에 그토록 위대한 여정이 펼쳐질 줄은 꿈에도 생각하지 못했을 것이다. 소서노는 졸본의 부유한 세력가 연타발延陀勃의 딸이었다. 졸본은 압록강의 북쪽 지류인 비류수 유역에 있었다. 기원전 1세기 무렵 이 지역에는 여러 세력이 난립하고 있었다. 그들은 작지만 나라를 칭하기도 하면서 서로 싸우고 경쟁했다. 우위에 서거나 살아남으려면 힘을 키워야 했다.

연타발은 풍족한 재물을 이용해 외부 세력과 손잡았다. 문제는 외부인을 믿을 수 있느냐는 것이었다. 충성을 확보하려고 그가 쓴 방법은 결혼이었다. 딸과 혼인시켜 동맹으로서 안전장치를 마련한 것이다. 소서노는 북부여 해부루왕의 서손庶孫 우태優台와 부부의 연을 맺었다. 적통은 아니지만 강국 부여의 왕족이니 방패막이로 손색이 없었다.

두 사람 사이에서 비류沸流와 온조溫祚가 태어났다. 우태는 어질고 신의가 있는 사람이었다. 소서노와 아이들을 위해 헌신적으로 세력 확장에 나섰다. 그러나 비류수 유역의 경쟁자들은 호락호락하지 않았다. 특히 비류국은 여러 대에 걸쳐 왕을 배출해온 터줏대감이었다. '굴러온 돌' 우태가 치고 나오자 눈엣가시로 여기며 사사건건 트집을 잡았다. 주변 세력들의 표적이 된 우태는 자식들이 장성하는 것도 못 보고 일찍 세상을 뜨고 말았다.

소서노는 졸본에서 비류와 온조를 키우며 꿋꿋하게 살았다. 아직 젊은데다 집안의 재물이 막대해 구혼하는 자들이 끊이지 않았다. 하지만 아들 형제를 키우는 어머니가 함부로 남편을 맞이할 수는 없었다. 게다가 비류와 온조를 지켜주겠다는 우태의 수하들까지 거느렸다. 첫 혼사는 연타발의 뜻에 따랐지만 이제 스스로 결정을 내려야 했다. 늙은 아버지도 딸의 처지를 헤아리고 재물을 물려주면서 힘을 보태주었다. 소서노는 야무지게 부를 쌓아나가며 세상의 움직임을 신중히 살폈다.

기원전 37년 졸본에 낯선 무리가 나타났다. 우두머리는 동부여에서 쫓겨온 자로 주몽朱蒙이라고 했다. 부여에서는 활 잘 쏘는 자를 그리 불렀다. 그와 함께 도망 나온 벗 오이·마리·협보와 도중에 만난 현자賢者 재사·무골·묵거 등이 그를 열성적으로 따랐다. 마침내 졸본에 이르자 주몽은 부하들에게 큰소리쳤다. "내가 하늘의 명을 받아 이곳에 나라를 열고자 한다."[2]

소서노는 관심을 갖고 그들을 예의주시했다. 22세 청년 주몽은 아무것도 가진 게 없었다. 나라를 열겠다고 큰소리쳤지만 기초를 닦을 땅도, 근본을 이룰 백성도 없었다. 궁실宮室을 지을 재물도 없어 무리가 비류수 강가에 초막을 짓고 살았다. 나이 서른에 산전수전 겪은 소서노가 볼 때 어린아이 불장난 같았다. 그래도 당장 내쫓지는 않고 좀더 지켜보기로 했다. 어쩌면 청년의 자질과 능력이 궁금했는지도 모른다.

토착세력과 신흥세력의 결혼동맹

　　주몽은 괴상한 자였다. 그는 현자라는 재사·무골·묵거를 여기저기 보내 자기가 "천제天帝의 아들이요, 하백河伯의 외손자"라고 선전했다. '인간의 모습을 한 신'이라는 것이었다. 정탐 보고를 받은 소서노는 피식 웃고 말았다. 원래 작은 거짓말은 안 믿어도, 큰 거짓말은 통하는 법이다. 사람들의 흥미를 끌면 그 자체로 힘이 되기 때문이다. 실제로 호기심을 느낀 자들이 주몽의 초막을 찾기 시작했다. 비류수 강변으로 군중이 몰려들었다.

　　자칭 '천제의 아들'은 태연히 초막에서 걸어나왔다. 골격이 탄탄하고 외모가 빼어난 청년이었다. 군중이 숨죽이고 지켜보는 가운데 주몽은 활과 화살을 집어 들고 말에 올랐다. 7세 때부터 직접 활을 만들었다. 사냥 대회에 나가면 적은 화살로도 많은 짐승을 잡아 항상 주목받았다. 주몽이 보여준 활 솜씨는 과연 신묘했다. 말 달리면서 화살을 쏘는데도 백발백중이었다. 군중은 우레와 같은 함성을 터뜨렸다. 부하가 되겠다는 자들이 속출했다.

　　주몽의 무리는 날이 갈수록 불어났다. 오이·마리·협보가 새 식구들을 훈련하느라 여념이 없었다. 열렬한 추종자들은 건국에 앞장설 전사들로 거듭났다. 그러나 무리가 늘어나고 정예화될수록 고민도 깊어갔다. 문제는 재정이었다. 장정들을 먹이고 재우는 게 보통 일이 아니었다. 언제까지고 초막에서 지낼 수도 없는 노릇이었다. 하지만 천제의 아들은 빈털터리였다. 인간의 모습을 한 신은 '건넛마을의 여인越郡女'을 찾아갔다.

소서노는 주몽이 올 줄 알고 있었다. 그사이 소서노는 동부여에 사람을 풀어 주몽을 뒷조사했다. 그가 궁궐 마구간지기였다는 사실이 밝혀졌다. 어느 날 준마를 알아본 주몽은 몰래 말의 혀 밑에 바늘을 꽂아 놓았다. 혀가 아픈 말은 제대로 먹지 못하고 야위어갔다. 그 대신 다른 말들은 잘 먹여 뽀얗게 살찌웠다. 동부여 금와왕이 마구간에 나왔다가 살찐 말들을 보고 기뻐하며 그에게 상을 내렸다. 상은 그 야윈 말이었다. 주몽은 준마를 얻자 바늘을 뽑고 밤낮으로 먹여 자기가 타고 다녔다.[3]

결국 임금을 기만한 죄가 드러나자 도망쳐서 졸본에 이른 것이다. 그럼에도 주몽은 천제의 아들이라는 둥, 나라를 세우겠다는 둥, 큰소리치며 맡겨놓은 사람처럼 소서노의 재물을 요구했다. 그 뻔뻔스럽고 위풍당당한 태도에 소서노는 오히려 감탄했다. 주몽이 아부를 떨며 재물을 구걸했다면 퇴짜를 놓았을 것이다. 야망이 크고 배포가 두둑한 사람이야말로 투자 가치가 높았다. 게다가 그의 열기 띤 눈빛은 마음을 뜨겁게 만드는 힘이 있었다. 30세의 소서노와 22세의 청년은 서로 통했고 사랑에 빠졌다.

소서노는 주몽에게 동맹을 제안했다. 사실 두 사람은 정략적으로 잘 어울리는 짝이었다. 졸본을 넘보는 세력들을 막으려면 소서노에게는 젊고 용맹한 주몽과 그의 열렬한 전사들이 필요했다. 졸본에 뿌리내리고 나라를 세우려면 주몽은 땅과 백성, 재물을 가진 소서노와 손잡는 게 바람직했다. 결국 두 사람은 부부의 연을 맺었다. 토착세력과 신흥세력의 결혼동맹이었다.

고조선의 영광을 되찾다

연상연하 부부는 드디어 고구려를 건국했다. 임금이 된 주몽은 졸본에 홀승골성을 쌓아 도읍으로 삼았다. 부분노·부위염 등 좋은 장수와 병사들도 영입했다. 소서노가 재산을 바쳐 도운 덕분에 가능한 일이었다. 나라를 세우는 데 내조가 많았기 때문에 주몽은 그녀를 매우 사랑했다. 비류와

온조 또한 자기 친아들처럼 대했다.[4]

주몽은 곧 군사를 일으켰다. 비류수 유역의 여러 세력을 차례로 제압했다. 상류에 있는 비류국에 이르자 송양松讓이 맞이하러 나왔다. 비류수 유역은 땅이 좁아 두 임금을 용납할 수 없었다. 패권을 놓고 힘겨루기가 불가피했다. 송양은 가시 돋친 말로 주몽의 화를 돋웠다. "나는 그대가 어디서 왔는지 알지 못하겠다. 우리는 여러 대에 걸쳐서 왕 노릇을 했고, 그대는 도읍을 정한 지 얼마 안 되었으니 속국으로 들어오는 게 어떤가?"[5]

상대를 근본 없는 신출내기로 깎아내리고 뼈대 있는 임금인 자신에게 굴복하라는 것이었다. 송양에게는 '선인仙人의 후손'이라는 자부심이 있었다. 그것은 고조선의 옛 혈통을 다시 잇고자 하는 의지이기도 했다. 주몽은 전가의 보도처럼 '천제의 아들'이라고 맞받아치며 활을 쏘아 재주를 겨루어보자고 역제안을 했다. 선인의 후손이든, 천제의 아들이든 실력으로 증명하자는 것이었다.

송양은 100보 거리에 사슴 그림을 붙여놓고 자신만만하게 활을 잡았다. 그가 쏜 화살은 장담과 달리 사슴의 배꼽을 꿰뚫지 못했다. 반면 주몽은 100보 바깥에 옥가락지를 매달아 놓고 활시위를 당겼는데, 화살이 가락지를 부수며 기왓장

깨지는 소리를 냈다. 송양은 주몽의 적수가 되지 못했다. 첫 번째 힘겨루기는 주몽의 승리로 끝났다. 하지만 아직 비류국을 복속시키기에는 역부족이었다.

졸본에 돌아온 주몽은 신하들에게 아쉬움을 토로했다. 비류국은 고각鼓角, 곧 의식용 북과 나팔로 위엄을 갖추는데 신생국 고구려에는 그런 것이 없어 저들이 가볍게 여긴다는 한탄이었다. 이때 맹장 부분노가 그 북과 나팔을 가져오겠다고 나섰다. 고각은 비류국의 무기고에 감춰져 있어서 빼내기가 어려웠다. 주몽은 만류했지만 부분노는 물러서지 않았다.

"하늘이 준 물건을 어째서 가져오지 못합니까? 대왕께서는 만 번 죽을 위태로운 땅에서 빠져나와 지금 우리나라에 이름을 날리십니다. 천제의 명령으로 하는 것이라면 무슨 일인들 이루지 못하겠습니까?"[6]

부분노는 주몽이 천제의 아들이라고 굳게 믿었다. 이런 종교적 믿음이 고구려 사람들에게 퍼져나가고 있었다. 인간의 모습을 한 신이 떡하니 뒤를 봐주는데 세상에 불가능한 일이 어디 있겠는가? 그는 결국 비류국에 잠입해 북과 나팔을 고구려로 빼돌렸다. 뒤늦게 알아챈 송양은 사자를 보내 돌려달라고 요구했다. 그러나 고각의 빛깔을 오래된 것처럼 검게 만들어놓으니 감히 다투지 못하고 돌아갔다. 두 번째 힘겨루기에서도 승리한 것이다.

역학관계가 결정적으로 기울어진 것은 기원전 36년 여름이었다. 7일 동안 장맛비가 쏟아지는 바람에 비류국 도읍이물에 잠기고 말았다. 송양이 갈대 밧줄을 잡고 격류를 횡단하며 피해를 줄이고자 애썼으나 허사였다. 이때 주몽이 새하얀사슴을 붙잡아 거꾸로 매달고 하늘에 홍수를 일으켜달라고빌게 했다는 소문이 돌았다. 비류국 백성들은 천제의 아들과힘겨루기를 한 송양을 원망했다.

민심이 등을 돌리자 송양은 나라를 바치며 주몽에게 항복했다. 주몽은 그 땅을 다물도多勿都로 삼았다. '다물'이란 옛땅을 회복한다는 뜻이었다. 그것은 고조선의 영광을 되찾겠다는 국가적인 의지 표명이었다. 이로써 고구려는 압록강의북쪽 지류 유역을 평정하고 역사적인 정통성까지 확보하게되었다.

천하의 중심이자 신성한 나라

　　　주몽이 밖으로 치고 나가는 동안 소서노는 안에서 내실을 다졌다. 무엇보다 도성과 궁궐을 위엄 있게 짓는 일이 급선무였다. 졸본의 지리에 밝은 그녀는 골령鶻嶺(오녀산) 정상을 도읍지로 골랐다. 절벽으로 둘러싸인 산꼭대기에 둘레가 2,000보나 되는 평지가 자리했다. 끊이지 않고 물이 솟는 깊은 연못이 있어 식수도 해결되었다.

구름과 안개가 자욱한 산 정상에서 소서노가 쏟아부은 재물로 공사가 이루어졌다. 보이지는 않는데 일하는 소리가 들리니 하늘나라 장정들이 대역사를 벌이는 것 같았다. 마침내 운무가 걷히자 성곽과 궁실, 누대가 웅장한 모습을 드러냈다(기원전 34년). 이름하여 흘승골성(오녀산성)! 천혜의 요새이자 신들의 치소治所였다.

분지의 백성들은 이 하늘의 성채를 우러러보았다. 상서로운 구름이 뭉게뭉게 피어오르면 황룡이 승천하는 형상을 자아냈다. 사람들은 이곳에 거처하는 왕이 천제의 아들일 것이라고 확신했다. 경배를 불러일으키는 풍경 때문이었다. 그것은 소서노가 연출한 성소聖所가 아니었을까? 그 덕분에 고구려는 천하의 중심이자, 신성한 나라로 여겨졌다.[7]

이는 종교와 정치를 아우르는 동방의 오랜 통치술이었다. 주몽이 전쟁에 몰두하는 동안 소서노와 신하들은 신령스러운 이야기, 곧 신화를 지어내 유포했다. 그들은 부여의 건국자 동명왕東明王을 거울로 삼았다. 북쪽 나라 탁리국 임금의 시녀가 하늘에서 알의 기운을 받아 동명을 낳았고, 활 잘 쏘고 재주가 빼어난 동명에게 나라를 빼앗길까봐 왕이 죽이려 했고, 동명이 도망쳐 강에 이르자 물고기와 자라들이 다리를 만들어주었고, 드디어 남쪽으로 건너가 부여를 세웠다는 이야기다.[8]

주몽과 고구려는 바로 그 동명과 부여를 대체했다. '천제의 아들'이라는 주몽의 정체성을 정교하게 확립하고 동방에서 가장 영향력이 큰 부여의 정통성을 끌어온다는 노림수였다. 여기서 핵심은 난생卵生, 곧 알에서 태어났다는 것이다. 어머니 유화부인은 5되 크기의 알을 낳았는데 그것을 마구간에 두었더니 여러 말이 밟지 않고, 깊은 산에 버렸더니 모든 짐승이 호위하고, 구름 끼고 음침한 날에도 알 위에 항상 햇빛이 비쳤다고 한다.[9]

알을 깨고 나오는 것은 새다. 알은 하나의 세계다. 새는 지상의 낡은 세계를 파괴하고 하늘의 최고신에게 날아간다. 그 신이 바로 천제다. 동방에서는 새를 하늘과 땅을 잇는 신성한 존재로 숭배했다. 따라서 주몽의 난생은 천제의 아들이 하늘의 명령에 따라 땅을 다스린다는 것을 세상 사람들에게 상징적으로 이야기한다.

이 믿음은 정벌전에도 쓰였다. 기원전 32년 임금이 오이와 부분노를 시켜 태백산 동남쪽의 행인국을 쳐서 빼앗았을 때 신령한 새들이 궁궐 뜰에 모여들었다는 것이다. 기원전 28년 부위염에게 명해 북옥저를 멸하고 성읍으로 삼았을 때도 전설에 나오는 상서로운 난새가 왕궁에 날아들었다고 한다. 이 모두가 하늘의 명령이라는 뜻이다.

신생국 고구려의 기초는 세월이 흐를수록 탄탄해졌다. 주몽의 군사력과 소서노의 경제력은 상생 효과를 발휘했다. 주몽이 정벌전에 나설 때마다 소서노는 내심 흐뭇했다. 남편이 넓혀나가는 고구려를 비류와 온조, 제 자식들이 물려받을 것이라고 생각했다. 하지만 주몽은 딴마음을 품은 지 오래였다. 왕위를 계승할 태자는 따로 있었다.

기원전 19년 4월, 부여에서 주몽의 아내 예씨와 아들 유리琉璃가 찾아왔다. 주몽은 기다렸다는 듯이 유리를 태자로 삼았다. 소서노에게는 청천벽력이었다. 자기가 제2왕비로 밀린 것이야 아무래도 상관없었지만, 자식들의 미래가 캄캄해진 데는 분노하지 않을 수 없었다. 대체 어떻게 된 일인가?

나쁜 남자의 사랑

주몽은 동부여의 마구간지기로 지낼 때 예씨 부

인에게 장가들어 뱃속 아이를 가졌다. 임금을 기만한 죄로 쫓기게 되자 그는 아내에게 후일을 기약하고 길을 떠났다. 나중에 태어난 유리는 장난꾸러기로 자라났다. 새총으로 참새를 잡으려다 물 긷는 아낙의 항아리를 깨뜨리기도 했다. 아비가 없어서 버릇이 없다고 아낙이 꾸짖자 유리는 씩씩거리며 제 어머니에게 물었다. 자기는 왜 아버지가 없느냐는 것이었다. 예씨 부인은 그제야 입을 열었다.

"네 아버지는 비상한 사람이라 부여에서 용납되지 못했다. 그래서 남쪽 땅으로 도망가 고구려를 세우고 임금님이 되셨다. 아버지를 만나고 싶다면 먼저 한 가지 물건을 찾아야 한다. 그분이 떠날 때 '내가 일곱 고개 일곱 골짜기 돌 위 소나무에 물건을 감춰두었으니 그것을 가지고 오면 자식으로 인정하겠다'고 하셨다."[10]

'일곱 고개 일곱 골짜기'라는 말에 소년은 날마다 산에 들어가서 찾아 헤매다가 지쳐 돌아왔다. 하지만 물건은 모습을 드러내지 않았다. 세월이 무심히 흘러 유리는 어느덧 장성했다. 하루는 집에 앉아 있는데 기둥과 주춧돌 사이에서 구슬픈 소리가 나는 게 아닌가. 그 기둥은 소나무였는데 모양이 칠각형이었고 주춧돌 위에 있었다. 문득 깨달음이 스쳐 지나갔다. '일곱 고개 일곱 골짜기'는 칠각형 기둥의 일곱 모서리를 말하는 것이었다.

그가 일어나 다가가 보니 과연 기둥 위에 구멍이 있었다. 그 구멍에서 부러진 칼 한 조각이 나왔다. '이것이 말로만 듣던 부절인가?' 부절符節은 하나의 물건을 갈라서 둘이 나누어 가졌다가 나중에 신분을 증명하거나 서로 알아보는 신표信標로 사용했다. 주로 돌·옥·대나무 등으로 만들었는데 특별한 관계에서는 거울이나 칼을 쓰기도 했다. 유리는 기뻐하며 어머니 예씨를 모시고 고구려로 왔다.

졸본에 이른 유리가 칼 한 조각을 바치자 주몽은 다른 조각을 꺼내 합쳐보았다. 부러진 칼은 피가 나면서 이어져 하나의 칼이 되었다. 끊긴 인연도 혈육의 정으로 이어져 온전한 부자가 되었다. 주몽은 유리를 받아들이고 기꺼이 태자 자리를 내주었다. 이 모든 일이 부절을 맞추듯이 너무 깔끔하게 맞아떨어졌다. 소서노는 그것이 찜찜했다. 뭔가 자신이 모르는 내막이 있는 것 같았다.

아니나 다를까 주몽이 중한 병으로 자리에 드러누웠다. 왕은 진즉 자신의 죽음을 예견하고 치밀하게 후사를 안배한 것이다(실제로 그해 9월 40세의 나이로 세상을 떠났다). 비류와 온조를 친아들처럼 대했다지만 왕위를 물려줄 생각은 애초부터 없었다. 사실은 제 혈육을 감춰두었다가 부절 신화까지 곁들여 번듯하게 불러들인 것이다.

　주몽은 '나쁜 남자'였다. 그는 졸본의 소서노가 가진 재산과 토착세력이 필요했을 뿐이다. 이제 고구려가 자리를 잡은 이상 얼마든지 버릴 수 있었다. 소서노는 철저히 기만당했다. 그녀의 자식들도 마찬가지였다. 아무리 정략결혼이지만 신의는 지켜야 한다. 소서노가 원한 것은 비류와 온조의 미래였다. 틀림없이 정략적으로 약속되어 있었다. 하지만 의붓아버지는 차갑게 돌아섰다. 낙담한 비류가 동생 온조에게 말했다.

　"처음에 대왕께서 부여에서 환란을 피해 이곳까지 왔을 때 우리 어머니가 집안의 재물을 쏟아부어 나라의 창업을 도와 이루었으니, 어머니의 수고로움과 공로가 많았던 것이다. 그런데 대왕께서 세상을 뜨시게 되자 나라가 유리에게 돌아갔다. 우리가 공연히 여기 있으면서 군더더기 혹처럼 지내느니 어머니를 모시고 남쪽으로 내려가 새 나라를 세우는 게 나으리라."[11]

　자식들의 뜻을 알아차린 소서노는 비장한 결심을 굳혔다. 주몽과 부부의 연을 끊고 고구려를 떠나기로 한 것이다. 제 갈 길을 가겠다는 것이었다. 단, 정산은 분명히 했다. 그녀는 주몽에게 요청해 금은보화를 나누어 가진 뒤 분연히 남쪽으로 향했다. 미지의 세계로 총총 발걸음을 내디뎠다.

소서노의 뒤를 비류와 온조, 10여 명의 신하가 따랐다. 행렬을 이룬 백성도 많았다. 오랜 세월 신뢰를 쌓은 졸본 사람들이었다. 그들은 낙랑을 지나 마한으로 들어갔다. 그녀는 마한의 왕에게 재물을 주고 그 땅의 서북 100여 리를 얻었다. 소서노는 하북위례성(서울 강북)을 도읍으로 삼고 스스로 왕위에 올랐다. 국호는 '백제'라고 했다.[12]

역사에서 어머니를 지우다

신생국이 자리 잡기란 험난한 여정이다. 기원전 18년에 창업한 이래 백제는 살아남기 위해 안간힘을 썼다. 말갈인들은 부유해 보이는 신생국을 약탈하려고 틈만 나면 침입했다. 낙랑 또한 백제를 속국으로 길들이고자 압박의 강도를 높여갔다. 소서노는 성을 쌓고 목책을 세워 말갈인들을 물리쳤으며 낙랑의 위협에 굴하지 않고 당당하게 맞섰다. 소서노는 그렇게 고군분투하다가 재위 13년째인 기원전 6년에 61세의 나이로 세상을 떠났다.

하지만 역사는 소서노의 백제 창업기를 둘째 아들 온조의 것으로 기억한다. 혹시 소서노의 죽음에 뭔가 감춰진 비밀이

사랑의 배신

있는 것일까? 그해에 서울에서 늙은 할미가 남자로 변했고, 호랑이 5마리가 성 안으로 들어왔다는 기록이 있다.[13] 사나운 호랑이는 반란 세력이나 외부 침입을 은유한 것일지도 모른다. '늙은 할미' 소서노는 남자로 변장해 화를 피하려다 원치 않는 최후를 맞았을 수도 있겠다.

그 대척점에 온조가 있다. "국모를 여의어서 형세가 불안하니 도읍을 한강 남쪽으로 옮겨야겠다"며 하남위례성(서울 송파)으로 천도했다. 기원전 18년에 하남위례성을 도읍으로 정하고 백제를 창업한 게 아니라, 기원전 5년 하남위례성으로 옮기면서 백제 역사를 다시 썼다. 역사에서 어머니를 지워야 할 만큼 큰 갈등이 있었던 게 아닐까? 소서노가 비류에게 왕위를 물려주려고 하자 온조의 측근들이 들고일어났을 가능성도 있다.

백성들을 갈라 미추홀로 간 비류도 이해가 된다. 토지가 습하고 물이 짠 곳이지만 정치투쟁에서 패배해 선택의 여지가 없었던 것이다. 비류는 친아버지 우태를 닮아 어질고 신의가 있는 사람이었다. 반면 어려서 친아버지를 잃은 온조는 의붓아버지 주몽을 보고 자라서 야심만만하고 뻔뻔스러웠다. 소서노는 장남인데다 우태를 닮은 비류가 좋은 임금이 될 것이라고 보았다. 하지만 그는 주몽처럼 수단과 방법을 가리지 않는 동생 온조에게 밀려났다.

　온조는 어머니가 죽은 지 4년 만에 비로소 사당을 세웠다. 내전이 종식되고 나라가 안정을 찾는 데 걸린 시간이었다. 소서노는 백제의 국모로 받들어지며 신의 반열에 올랐다. 고구려와 백제 두 신생국을 등에 업고 건국의 고단한 길을 걸어간 여성 창업자! 사랑의 배신마저 꾸역꾸역 삼키고 소서노는 어머니의 강인한 힘으로 새 역사를 길러냈다.

정치의 제물이 된 사랑

● 호동왕자와 낙랑공주 ●

대무신왕의 소국 병합이 부른 비극

고구려 왕자 호동好童이 옥저에서 놀고 있는데 낙
랑의 왕 최리崔理가 지나다가 그를 보고 말을 건넸다. "그대의
얼굴빛을 보니 보통 사람이 아니다. 혹시 북국北國 신왕神王의
아들이 아닌가?" 최리는 호동을 낙랑으로 데려가 자기 딸을
아내로 삼아주었다.

그 뒤 호동은 본국에 돌아갔는데 어느 날 최리의 딸에게 사
람을 보내 은밀히 일렀다. "그대가 나라의 무기고에 들어가
북을 찢고 나팔을 부순다면 내가 예를 갖춰 맞이하리다. 안

그러면 맞이하지 않을 것이오." 이전부터 낙랑에는 북과 나팔이 있었는데 적병이 오면 저절로 울렸다. 호동왕자는 그것을 못 쓰게 만들라고 시킨 것이다.

낙랑공주는 고심 끝에 날카로운 칼을 가지고 몰래 무기고에 들어갔다. 북의 가죽과 나팔의 입을 베어버리고 이를 왕자에게 알렸다. 호동왕자는 아버지 대무신왕大武神王에게 권해 낙랑을 급습했다. 북과 나팔이 울리지 않았으므로 낙랑의 왕은 아무런 대비도 하지 못한 채 성 아래까지 이른 고구려군을 맞았다. 뒤늦게 진상을 파악한 최리는 원통한 나머지 자기 딸을 죽이고 성에서 나와 항복했다.[14]

호동왕자와 낙랑공주는 역사에서 가장 비정하고 서글픈 사랑 이야기의 주인공이다. 이 청춘 남녀의 비극은 정사에 기록되었지만 설화에 가깝다. 안개처럼 자욱한 은유와 상징 속에 어떤 역사적 진실이 감춰져 있을까? 당사자인 호동과 낙랑공주, 배후 조종한 대무신왕의 입장이 되어 3인 3색으로 그 비극을 재구성해본다.

먼저 고구려 제3대 왕 대무신왕 무휼無恤! 동명왕이 조그맣게 건국하고 유리왕瑠璃王이 근근이 이어간 신생국 고구려는 그가 아니었다면 주변국들에 시달리다가 진즉 사라졌을지도 모른다. 대무신왕은 안으로는 귀족과 백성을 단합시키고,

　　　　　　　정치의 제물이 된 사랑

밖으로는 부여와 후한後漢에 당당하게 맞서 고구려가 강국의 반열에 올라설 수 있는 기틀을 다졌다.

호동왕자와 낙랑공주의 비극은 그가 인근 소국들을 정벌하고 병합하는 과정에서 발생했다. 대무신왕의 사람됨과 포부, 지략을 이해하지 못하면 이 사건의 실체를 제대로 파악할 수 없다.

무휼은 유리왕의 셋째 아들로 원래 왕위 계승권자가 아니었다. 태자였던 형들이 예기치 않게 요절했기에 그는 역사 무대에 위풍당당하게 등장할 수 있었다. 무휼이 후계자로 두각을 나타낸 것은 유리왕 32년(서기 13년)의 일이었다.

그해 북방의 강국 부여가 군사를 일으켜 고구려를 침범했다. 무휼은 고구려군을 지휘해 산골짜기에 매복했다. 적이 학반령 아래를 지날 때 복병이 불시에 쳐서 무찔렀다. 그 공으로 무휼은 이듬해 태자 자리를 차지했다(『삼국사기』는 당시 그의 나이가 11세였다고 기록했으나 실제로는 더 많았을 것이다).

유리왕 사후 무휼이 왕위에 오르니 곧 대무신왕이다(서기 18년). 새 왕은 호기롭게 부여 정벌에 착수했다. 부여의 대소帶素는 고구려의 숙적이었다. 주몽이 부여에 머물 때 제거하려 했던 것도 이 자였고, 유리왕 시절 시도 때도 없이 핍박했던 것도 그이였다. 대무신왕 4년(서기 21년) 12월 고구려는 마침내 국운을 걸고 군사를 일으켰다.

고구려군은 비류수·이물림 등을 지나며 여러 세력을 규합하고 이듬해 2월 부여 남쪽 평원에 이르렀다. 대무신왕과 대소왕의 숙명적인 대결은 그러나 싱겁게 끝나고 말았다. 원정군이 미처 정비하기 전에 기습하려던 부여군은 오히려 진흙수렁에 빠져 오도 가도 못하게 되었다. 이 틈을 노려 북명北溟 사람 괴유怪由가 고함을 지르며 대소에게 달려들었다. 얼굴색이 희고 눈에서 광채가 나오는 거인이 무시무시한 칼춤을 추자 대소의 목이 달아났다.

하지만 이 원정에서 대무신왕도 혹독한 대가를 치러야 했다. 부여군은 왕을 잃었지만 수적으로 압도적인 우위에 있었다. 저들의 포위 섬멸전에 고구려군은 도망갈 곳도 없는 평원에서 굶주리고 지쳐갔다. 왕과 병사들은 거의 궤멸 직전에야 짙게 낀 안개를 이용해 사지에서 벗어났다.

부여를 무너뜨리고 후한의 침입을 물리치다

구사일생으로 귀환한 대무신왕은 겸허하게 반성했다. 그는 위로 잔치를 베풀면서 신하와 백성들에게 고했다.

정치의 제물이 된 사랑

"내가 경솔하게 부여를 치다가 우리 군사와 물자를 많이 잃었으니 이 모두가 나의 허물이다." 대무신왕은 전사한 이를 문상하고 상한 자를 위문하며 백성들의 마음을 어루만졌다. 왕이 자세를 낮추고 민심을 챙기자 귀족 세력도 힘을 모아주었다. 나라 사람들이 똘똘 뭉쳐 국력 회복에 나선 것이다.

반면 부여는 왕위를 둘러싸고 내분이 벌어져 극심한 혼란에 빠졌다. 대무신왕 5년(서기 22년) 4월에 대소의 막내 아우가 모국을 버리고 나와 압록강 부근에 갈사국曷思國을 세웠다. 7월에는 부여의 유력한 왕족이 백성 1만여 명을 이끌고 고구려에 투항했다. 인구가 곧 국력인 시대에 귀순자 1만여 명은 하늘의 축복이었다. 대무신왕은 그를 왕으로 봉해 연나부에 안치하고 낙씨絡氏 성을 내려주었다.

요동의 강국이었던 부여가 지리멸렬해지자 그 힘의 공백을 새로 떠오른 고구려가 채워나갔다. 대무신왕은 개마국蓋馬國·구다국句茶國 등 주변 소국들을 병합하며 고구려를 신흥 강국으로 키워나갔다.

이때 후한 요동 태수가 이끄는 중국 군대가 고구려를 침략했다(서기 28년). 광무제光武帝 유수劉秀가 왕망王莽의 신나라를 멸하고 후한을 건국한 직후였다. 고조선 땅에 한사군漢四郡을 설치한 이래 한나라는 줄곧 동이東夷를 복속시키려 했다. 한

나라가 잠시 단절기(서기 8~23년)를 가졌지만 후한이 계승한 이상 영향력을 되찾으려는 것은 당연했다.

후한 군대에 맞서 대무신왕은 좌보 을두지乙豆智의 책략을 받아들여 위나암성에서 농성에 들어갔다. 막강한 적과 정면 승부하기보다 천혜의 요새에서 버티며 원정군이 지쳐서 물러가게 만들겠다는 것이었다. 하지만 수십 일이 지나도 적들이 물러날 기미가 없자 대무신왕은 요동 태수에게 선물과 편지를 보냈다. 연못에서 잡은 잉어를 수초에 감싸서 술과 함께 전해주며 좋은 말로 타이른 것이다.

아니나 다를까 요동 태수는 곧 포위를 풀고 군대를 되돌렸다. 그들은 성 안에 물이 떨어지면 고구려군이 항복하리라 보고 물러가지 않았는데 잉어와 수초 선물에 수자원이 풍부함을 안 것이다.[15] 아군과 적군의 실정을 잘 살펴 교묘하게 회군할 명분을 제공한 대무신왕의 심리전이었다.

자신감을 얻은 대무신왕은 남쪽으로 눈을 돌렸다. 후한이 요동 태수를 내세워 고구려를 견제하고 무력시위를 벌이는 마당에 요동에서 새로운 사업을 도모하기는 어려워졌다. 고구려의 서남쪽(평양 일대)에는 낙랑군이 버티고 있었고, 동남쪽(옥저 땅)에는 낙랑군의 영향권에 속한 소국들이 분포했다. 한나라의 변경이지만 전한前漢이 멸망하면서 반란이 일어나

정치의 제물이 된 사랑

는 등 혼란에 빠진 지역이었다. 대무신왕은 후한이 손쓰기 전에 선수를 칠 생각이었다. 그러나 무턱대고 덤벼들 수는 없었다. 저들은 만만치 않은 상대였다.

호동왕자의 야심

부여와 후한 등 강적들과 맞붙으며 지략을 쌓은 대무신왕은 손실을 줄이면서 뜻을 이루는 길을 찾아나섰다. 한나라 직할령이었던 낙랑군은 아직 고구려에는 버거운 상대였다. 대무신왕은 동남쪽 소국들 가운데 최리가 다스리는 낙랑국을 주목했다. 이곳을 차지해 교두보로 삼으면 옥저 땅 전역을 공략하기가 수월했다.

대무신왕은 군대를 동원하기 전에 정치·외교적으로 접근했다. 일찍이 손자孫子가 말하기를, "백 번 싸워 백 번 이기는 것보다 싸우지 않고 이기는 게 최선"이라고 했다.[16] 낙랑국을 병합할 포석으로 대무신왕이 둔 수는 정략결혼이었다. 그는 이 결혼에 총애하는 아들 호동을 신랑감으로 내걸었다. 호동왕자는 대무신왕의 둘째 왕비인 갈사국 왕의 손녀 소생이었다. 얼굴이 아름답고 임금이 매우 사랑해 이름을 '호동'이라고 했다.[17]

그럼 낙랑국과 정략결혼을 추진할 때(서기 32년) 왕자의 나이는 몇 살이었을까? 부여의 왕 대소의 막내 아우가 갈사국을 세운 게 대무신왕 5년(서기 22년)인데 이 무렵 고구려와 우호 관계를 맺으려고 손녀를 시집보내 바로 호동을 낳았다면 10세 정도였을 것이다. 하지만 이 나이는 뒤에 거론될 첫째 왕비의 참소, 곧 "음란한 행동을 하려 했다"는 『삼국사기』 기록을 감안하면 너무 어리다.

그렇다면 대무신왕이 부여군을 물리치고 고구려 태자가 되었을 때(서기 14년) 부여에서 앞으로는 잘 지내자며 왕제王弟의 손녀를 보냈을 수도 있다. 이 관행적인 외교의 결실로 태어났다면, 최대 19세까지 늘려 잡을 수 있다. 다만 호동이라는 이름에 미성년자의 흔적이 있으므로 10대 중반의 야심만만한 소년이라고 보는 게 무난하지 않을까?

그는 임금의 사랑을 받기는 했지만 어머니가 둘째 왕비라 적통이 아니었다. 후계자가 되기에는 결격 사유가 있었던 것이다. 첫째 왕비는 해우解憂라는 왕자를 두고 있었는데 나이가 훨씬 어렸다. 하지만 적자이므로 왕위 계승 서열 1순위였다. 이렇게 된 데에는 왕비를 배출한 정치 세력의 힘이 작용했을 것이다.

첫째 왕비는 가장 힘센 부족 출신이었을 것이다. 고구려 초

정치의 제물이 된 사랑

기의 5부 가운데 원류를 이룬 비류나부가 유력하다. 『삼국사기』의 같은 해 기사에 비류부장沸流部長 3인이 횡포를 부려 추발소鄒勃素로 하여금 바로잡는 내용이 나오는데, 이는 비류나부 세력이 커서 왕이라 해도 통제하기 힘들었다는 뜻이다.

반면 둘째 왕비는 부여와 갈사국 출신으로 고구려 내에 지지 기반이 취약했다. 연나부에 친척뻘인 낙씨 세력이 있었지만 부여에서 귀순한 지 얼마 안 돼 큰 힘이 되지는 못했다. 왕자들의 나이로 보면 호동의 어머니가 먼저 부인이 되었을 텐데 둘째 왕비로 밀린 데는 이런 속사정이 있었을 것이다.

호동왕자는 아버지의 후계자가 되고 싶었으나 정치적 한계에 부닥쳤다. 힘이 없어서 서러움을 삼켜야 했던 어머니를 생각하면 이대로 포기할 수는 없었다. 아버지와 어머니에게 자랑스러운 아들이 되고자 그는 야심 차게 대권 도전에 나섰다.

태자 자리를 꿰차려면 나라에 큰 공을 세우는 수밖에 없었다. 낙랑공주와의 정략결혼은 호동왕자에게 크나큰 기회였다. 해우가 더 크기 전에 낙랑국 공략에 일조해서 능력을 과시하고 싶었을 것이다. 무휼이 그랬듯이 왕의 재목임을 널리 인정받아 후계자 선정에 누구도 토를 달지 못하게 해야 한다.

그해 여름 호동왕자가 옥저 땅에 유람을 나간 것은 여러모로 계산된 행동이었다. 우선 낙랑국 사정을 염탐하고 지형도

익혀둘 필요가 있었다. 왕자가 첩자 노릇을 하는 것은 그 시절에는 낯선 일이 아니었다. 물론 이 유람의 가장 큰 목적은 낙랑국의 왕 최리의 관심을 끄는 것이었다. 대무신왕은 사전에 정략결혼을 제안했을 게 틀림없다. 호동왕자의 옥저 출행은 결혼 수락에 앞서 낙랑국의 왕에게 직접 선보이는 절차였다.

아내의 목숨값과 남편의 자살

　　　　최리는 신랑감이 마음에 들었는지 자기 나라로 데리고 갔다. 왜 아니겠는가? 얼굴이 아름다워서 대무신왕이 총애하는 아들이다. 장인이 보기에도 흡족했을 것이다.

고구려의 결혼 풍속은 '데릴사위'였다. 쌍방의 부모가 허락해 약혼이 이루어지면 신부의 집 뒤에 자그마한 서옥婿屋을 지었다. 신혼부부는 서옥에서 아이를 낳고 기른 뒤에 신랑의 집으로 돌아갔다. 노동력이 귀한 시대에 남의 집 딸을 며느리로 얻어오려면, 먼저 사위가 노동으로 처가에 봉사해야 한다는 취지였다. 즉, '장가가는' 결혼 문화라고 볼 수 있다. 반면 낙랑국 지배층의 결혼은 '시집가는' 문화였을 것이다. 중국식 '친영親迎'에서는 처가 사당에 예물을 올린 다음 곧장 신부를 신랑의 집에 데려갔다.

호동왕자는 고구려식으로 낙랑국에 장가갔지만 얼마 후 혼자 돌아왔다. 그러고는 은밀히 사람을 보내 "내 요구를 들어주면 예를 갖춰 맞이하겠지만, 안 그러면 시집올 생각 마시라"고 으름장을 놓았다. 그 요구라는 게 기가 막힌다. 무기고에 들어가 적이 오면 저절로 울리는 북과 나팔, 곧 '자명고각 自鳴鼓角'을 못 쓰게 만들라는 것이었다. 호동은 낙랑국 방위에 치명적인 행위를 그 나라 공주에게 강요했다. 처가에 보탬을 주지는 못할망정 나라 팔아먹으라고 닦달한 셈이다.

사랑이었을까? 최리의 딸은 예리한 칼을 품고 무기고에 들어갔다. 몰래 북의 가죽을 찢고 나팔의 입을 베어버린 것이다. 아내의 전갈을 받은 호동왕자는 쾌재를 부르며 왕에게 알렸다. 대무신왕의 출격 명령이 떨어졌다. 최리는 북과 나팔이 울리지 않았기에 안심하고 있었다. 저절로 울리는 기물奇物을 믿었던 것이다. 고구려군의 말발굽이 성 아래까지 들이닥쳐서야 그는 자명고각이 망가진 것을 알았다. 놀랍게도 딸의 소행이었다.

최리는 분노했지만 어쩔 도리가 없었다. 그는 성을 나와 항복했는데 그전에 아비를 배신한 딸에게 죄를 물었다. 낙랑공주는 죽음으로 용서를 구했다. 어쨌거나 호동왕자는 낙랑국을 복속시켰다. 아내의 목숨값이었다. 호동왕자는 비정한 책략을 썼지만, 그 파장까지는 고려하지 못했을 것이다. 죽은 사람은 죽은 사람이고, 이제 호동왕자의 앞길은 탄탄대로일 터였다. 나라에 큰 공을 세웠으니 태자가 되는 것도 시간문제처럼 보였다.

그러나 태자는커녕 그해 겨울 호동왕자는 자살했다. 아니, 정확히 말하자면 '자살 당한' 것이다. 발단은 첫째 왕비의 참소였다. "호동이 저를 예의로 대하지 않고 음란한 행동을 하려 했습니다." 자기 아들 해우의 것이어야 할 태자 자리를 공을 세운 호동왕자에게 빼앗길까봐 추잡한 거짓말로 모함한 것이다.

이를 눈치챈 대무신왕은 다른 사람 소생이라 미워한다며 왕비를 나무랐다. 첫째 왕비는 집요했다. "그럼 대왕께서 몰래 지켜보소서. 그런 일이 없다면 제가 처벌받겠습니다." 눈물의 호소에 왕의 마음도 흔들렸다. 변심한 아버지는 호동왕자에게 죄를 물으려고 했다. 어찌 된 일일까?

고구려는 압록강 유역의 5개 정치 세력이 연맹하는 형태로 건국되었다. 그들이 고구려의 5부를 형성했는데 바로 계루부·비류나부·연나부·환나부·관나부였다. 중요한 나랏일은 5부의 수장인 대가大加들이 회합해 결정했다.

정치의 제물이 된 사랑

왕은 연맹의 최고지도자로서 대가 회의를 주재했으나, 또한 대가 회의의 결정을 따라야 할 의무가 있었다. 왕비를 배출한 유력한 부가 협조하지 않으면 아무리 임금이라도 나라를 원활하게 이끌 수 없는 구조였다. 이와 같은 이유로 대무신왕은 첫째 왕비의 집요한 요구를 외면하기 어려웠던 것이다.

모함이 분명한데도 왕에게 추궁당하자 호동왕자는 자살을 결심했다. 주위에서는 만류하며 왕에게 해명할 것을 권유했다. 하지만 호동왕자는 고개를 저었다. "내가 해명한다면 이는 어머니(첫째 왕비)의 죄악을 드러내는 것이요, 부왕께 근심을 끼치는 것이니 어찌 효도라고 할 수 있겠는가?"[18] 이 기특한 발언은 호동왕자의 억울한 죽음을 미화하려고 나중에 지어낸 듯싶다. 그렇다면 진짜 속내는 어땠을까?

호동왕자는 절망하고 후회했다. 아버지의 명에 따라 아내에게 못할 짓까지 했건만 돌아온 것은 어머니를 농락했다는 파렴치한 낙인이었다. 모든 일이 허망하고 또 허망했다. 자신의 헛된 욕심에 희생된 아내가 떠올랐다. 어떤 죽음은 처음에는 실감나지 않지만 시간이 흐를수록 아리고 짓누른다. 호동왕자는 자신의 비정한 어리석음이 부끄러워 몸부림치다가 마침내 스스로 칼에 엎어져 목숨을 끊었다.

치명적인 선택을 할 수밖에 없었던 이유

　　　　이 모든 비극의 정점은 낙랑공주의 죽음이었다. 최리의 딸은 남편의 요구를 받고 자명고각을 망가뜨려 아버지 손에 죽는다. 다시 한번 묻는다. 사랑이었을까? 호동왕자와 낙랑공주의 결혼은 정략의 소산이고 함께한 시간 또한 길지 않았다. 순진하게 사랑이 깊어서 그랬다고는 믿기지 않는다. 호동의 아름다운 얼굴에 현혹되었을까? 미남계로 추정할 수도 있지만 이 또한 개연성이 떨어진다. 낙랑공주는 왜 치명적인 선택을 했을까?

　　그 진실을 알고 싶다면, 사건의 배경지인 낙랑국부터 살펴봐야 할 것이다. 이 이야기 속의 낙랑국은 낙랑군과 관련이 있지만 알고 보면 다른 정치체다.

　　기원전 108년 한나라가 고조선을 멸망시킨 뒤 낙랑군樂浪郡·임둔군臨屯郡·진번군眞番郡·현도군玄菟郡의 4군과 속현들을 설치했다. 기원전 82년에는 진번군과 임둔군이 폐지되어 그 현들이 각각 낙랑군과 현도군의 관할이 되었고, 기원전 75년에는 현도군이 요동으로 쫓겨나며 옛 임둔군의 영동 7현이 낙랑군에 편입되었다. 낙랑군은 한반도 서북쪽의 평양 일대를 치소로 삼은 반면 영동 7현은 동북쪽, 지금의 함경도 등지에 분포했다. 지리적으로 떨어진 이 지역을 낙랑군에서는 동부도위를 두어 관장했다.

영동 7현은 대무신왕 때 낙랑군에 반란이 일어나고(서기 25년), 후한이 동부도위를 폐지하면서(서기 30년) 각각 후국侯國이 되었다. 후한은 영동 땅을 포기하고棄領東地 토착민 우두머리들을 현후縣侯로 삼았다.[19] 이들은 때마다 조정에 하례하면서도 서로 침공해 싸웠다고 한다.[20] 여전히 후한의 영향권에 남아 있었지만 자치국으로서 독립적 지위를 가진 것이다. 그 가운데 지금의 함흥에 있었던 부조현夫租縣이 최리의 낙랑국일 것으로 추정된다. 부조는 곧 옥저를 가리킨다. 호동이 옥저로 가서 최리를 만난다는 『삼국사기』 기록은 그래서 의미심장하다.

낙랑국은 작은 성읍국가였다. 지난 2005년 평양에서 출토된 목간 공문서에는 기원전 45년 낙랑군 소속 25개 현의 호구와 인구가 적혀 있다. 부조현에는 1,150호 8,000여 명이 살고 있었다. 당시 생산력을 고려하면 약 70년 뒤에 낙랑국으로 자립했을 때도 큰 차이는 없었을 것이다. 대무신왕에게 낙랑국은 좋은 먹잇감이었다. 후한의 통제를 막 벗어난 데다 덩치도 초기 고구려가 감당할 수 있는 수준이었다. 옥저 땅(함경도 일대)을 호시탐탐 노려온 고구려로서는 더할 나위 없는 공략 기회가 온 것이다.

　대무신왕의 정략결혼 제안에 최리는 응할 수밖에 없었다. 북방의 강국 부여를 무너뜨리고 후한 요동 태수의 침략을 물리친 고구려다. 신생 소국에는 두려운 상대였다. 최리는 일단 결혼과 화친으로 시간을 벌면서 방어 수단을 마련하려고 했을 것이다. 자명고각, 즉 저절로 울리는 북과 나팔도 그 수단 중 하나였을 것이다. 하지만 대무신왕은 방어를 무력화시킬 책략을 썼다.

아버지를 살리고, 아버지의 손에 죽다

　　　　"왕이 낙랑을 멸망시키기 위해 청혼해서 그 딸을 데려다 아들의 아내로 삼은 다음, 며느리를 본국에 돌려보내 그 병기를 부수게 했다."[21]

　이 전승은 호동과 낙랑공주의 일화 뒤에 짤막하게 기록되어 있다. 『삼국사기』 편찬자들은 앞에 기술한 설화 같은 이야기를 뒷받침하기 위해 좀더 사실에 가까워 보이는 전승을 덧붙였다. 여기서는 호동왕자가 낙랑국에 장가든 게 아니다. 낙랑공주가 고구려로 시집온 것이다. 이 전승의 주체는 대무신

　　　　　　　　　　정치의 제물이 된 사랑 ───────

왕이다.

낙랑공주에게 문제의 임무를 맡긴 것도 남편이 아니라 시아버지였다. 그는 며느리를 이렇게 겁박했을 것이다. "낙랑국을 쳐서 멸망시키겠다. 왕을 비롯해 많은 사람이 죽을 것이다. 네 아버지와 무고한 백성들을 살리고 싶다면 친정에 가서 자명고각을 부숴라. 부질없이 맞서지 말고 고구려에 항복하도록 만들어라."

자명고각은 비상경보 장치로 보인다. 낙랑국의 지배층은 중국화된 토착민이었다. 당시 중국의 과학기술은 기계식 펌프를 발명해 농업용수를 끌어오고, 천연가스를 대나무 관으로 수송해 연료로 쓰는 수준이었다. 자명고각도 능히 만들었을 것이다. 고구려군이 지날 길목에 항아리를 묻고 말발굽의 공명을 관으로 전하면 북과 나팔을 울리게 할 수 있다. 그때 평양의 낙랑군에 구원을 청하고 성에서 며칠만 버티면 된다는 게 최리의 계획이었을 것이다.

반면 딸은 낙랑 사람들이 고구려에 맞서다가 몰살당할까봐 걱정했다. 그녀는 무기고에 들어가 자명고각을 망가뜨렸다. 호동왕자가 아니라 아버지와 백성들을 사랑했기 때문이다. 그런 딸을 아버지는 눈물을 머금고 처단했다. 최리는 항복할 때 항복하더라도 반발하는 민심을 달래고 후일을 기약해야 했다. 낙랑공주도, 호동왕자도 아비들이 제 자식을 희생양으로 삼는 잔혹한 시대에 스러져갔다.

죽음은 죽음으로 끝나지 않는다. 죽음 너머로 많은 것을 바꿔놓는다. 대무신왕 20년(서기 37년) 고구려는 낙랑국을 습격해 멸망시켰다. 낙랑 사람 5,000명은 비정한 책략을 쓴 고구려를 거부하고 신라에 투항했다.[22] 한편 호동왕자의 자살로 고구려 태자가 된 해우는 훗날 폭군으로 전락해 측근에게 살해당했다(서기 53년). 사후 신이라 불린 임금, 대무신왕의 혈통이 허무하게 끊기는 순간이었다.

권력은 신기루처럼 허망하지만, 사랑은 질긴 생명력을 보여준다. 권력투쟁의 제물이 된 호동왕자와 낙랑공주의 사랑은 연민과 공감을 불러일으키며 우리의 마음에 자리 잡았다. 비정하지만 뜨거운 후회가 안타깝기에, 슬프면서도 순수한 희생이 갸륵하기에, 2,000년이 지나도 여전히 우리의 가슴을 울리는 것이다.

정치의 제물이 된 사랑 ───

사랑, 나라를 뒤흔들다
● 연산군과 장녹수 ●

광기 어린 사랑

　　여인의 간드러진 웃음에 눈가리개를 한 임금은 더욱 몸이 달았다. 허공에 대고 연방 두 손을 휘젓는 폭군의 모습이 어찌나 바보 같은지 후궁 장씨는 웃다 지쳐 배꼽이 빠질 지경이다. 기막힌 일이다. 천한 신분의 계집이 감히 쳐다보지도 못할 임금을 희롱하다니……. 산전수전 다 겪은 장녹수張綠水라도 이런 날이 올 줄은 꿈에도 생각지 못했다.

　　장녹수는 문의 현령을 지낸 장한필張漢弼의 서녀로 태어났다. 양반의 딸이지만 어머니가 천첩賤妾이라 여종 신세를 면

치 못했다. 게다가 집안이 가난해 팔려가듯 여러 번 시집가야 했다. 기구한 팔자가 바뀐 것은 제안대군齊安大君의 종을 남편으로 맞고 아들을 낳은 뒤였다. 그 집의 여종이 되자 노래와 춤을 배울 기회가 생겼다. 하늘이 선물한 재능이 빛을 발했다.

제안대군 이현李琄은 제8대 왕 예종의 원자였다. 1469년 예종이 요절했을 때 원자는 고작 4세였다. 즉위하기에는 너무 어린 나이라 제9대 왕은 사촌 형 성종에게 넘어갔다. 임금자리를 놓친 왕자의 인생은 살얼음판을 걷는 것과 같다. 살아남으려면 왕좌에 무관심한 척 연기를 해야 했다. 제안대군은 음악에 심취했다. 종들에게 노래와 연주를 시키고 즐겼다.

장녹수는 노래 솜씨가 출중했다. 특히 입술을 움직이지 않고 맑은 소리를 잘 냈는데 제법 들을 만했다.[23] 콧노래 창법으로 일가를 이룬 것이다. 그녀의 개인기는 장안의 화제가 되었고, 여자 광대로 이름을 날렸다. 왕조시대의 모든 소문과 평판은 궁으로 흘러 들어간다. 여재女才에 호기심이 동한 임금은 당숙 제안대군에게 청해 화제의 인물을 불러들였다.

연산군 이융李㦕은 감성적인 시를 쓰는 풍류가요, 한창 여자를 밝히는 호색한이었다. 청아하게 떨리는 장녹수의 음색은 폭군의 마음을 어루만졌다. 가슴을 파고드는 전율에 연산군은 고개를 들어 그녀를 쳐다보았다. 나이 서른에 접어들었지만 16세

계집아이처럼 생겼다. 얼굴은 그저 그런데 묘하게 끌리는 구석이 있었다. 젊은 왕은 연상의 여종을 곁에 두기로 했다.

장녹수는 폭군을 잘 다루었다. 팔려가듯 여러 번 시집간 여인이다. 별의별 남자 다 만나보고 어떻게 상대해야 하는지 체득했다. 연산군은 언제 터질지 모르는 화약고 같은 남자였지만, 장녹수는 어머니의 자장가처럼 폭력적인 기질을 잠재웠다. 그녀가 어린아이마냥 조롱하고, 노예에게 하듯 욕해도 폭군은 기뻐했다.[24]

연산군은 장녹수의 교태와 아양에 폭 빠졌다. 국고를 기울여 사랑하는 여인에게 집과 재물, 전답과 노비를 아낌없이 하사했다. 상 주고 벌하는 일이 모두 장녹수의 입에 달렸으니 뇌물과 청탁도 쏟아져 들어왔다. 그 능수능란한 치마폭에서 젊은 왕은 거침없이 폭정으로 치달았다. 아버지 성종이 이룩한 유교 통치체제를 죽은 어머니의 이름으로, 광기 어린 패륜의 사랑으로 뒤흔들었다.

"신하의 도는 임금을 따르는 게 아니다"

연산군은 어쩌다 방탕하고 포악한 임금이 되었을

까? 폐비 윤씨의 비극, 아버지가 어머니를 내치고 죽인 사건이 영향을 끼친 것은 분명하다. 다만 사건이 불거질 당시(1479 ~1482년) 원자 이융은 나이가 어렸다. 또 문신 강희맹姜希孟의 집에서 병을 치료하고 건강을 회복하느라 생모와 떨어져 지내기도 했다. 그러니 어머니의 폐출과 죽음이 직접적인 충격을 주지는 않았을 것이다. 반면 아버지 성종에 대한 반감은 뿌리 깊고 의미심장했다.

"성종이 사향 사슴 한 마리를 길렀는데 길이 잘 들어서 항상 곁을 떠나지 않았다. 연산군이 성종과 함께 있을 때 그 사슴이 와서 핥았다. 연산군은 사슴을 발로 차 쫓아버렸다. 성종은 짐승이 따르는데 잔인하게 대한다고 아들을 나무랐다. 나중에 성종이 세상을 떠나고 연산군이 즉위하자 손수 그 사슴을 쏴 죽였다."[25]

이 반감은 기질 차이에서 비롯되었는지도 모른다. 성종은 학업과 국정에 성실히 임한 모범 군주였다. 하루 세 차례 이상 경연을 하고 신하들과 토론을 즐겼다. 이에 반해 연산군은 어려서부터 노는 데만 몰두하고 학문에는 뜻이 없었다. 스승 조지서趙之瑞가 엄하게 가르치자 앙심을 품고 벽에 '소인小人'이라 써붙이기도 했다. 워낙 삐뚤고 모진 성품이었다(연산군에게 찍힌 조지서는 결국 갑자사화 때 애꿎은 목숨을 잃었다).

사랑, 나라를 뒤흔들다 ───

아들의 싹수가 노란 것을 아버지가 모를 리 없었다. 1483년 8세의 연산군을 세자로 책봉하면서 성종은 고심했다. 그러나 달리 대안이 없었다. 계비 정현왕후에게서 진성대군(중종)이 태어난 것은 1488년의 일이었다. 세자는 더욱 엇나갔다. 성종이 불러도 아프다는 핑계로 무시하기 일쑤였다. 할머니 소혜왕후에게 술 올리는 자리도 빠졌다. 임금이 나인을 보내 살피니 죽이겠다고 협박해 병이 있다고 아뢰게 했다.

세자의 반감은 자라면서 유교 통치체제에 대한 적대감으로 발전했다. 성종은 유교 정치의 요체가 언로의 확대에 있다고 생각했다. 그는 언론 3사인 사헌부·사간원·홍문관을 정비하고 학문과 절의로 명망 높은 재야 선비들을 등용했다. 훈구 대신들은 유학의 도로 무장하고 강직한 언로를 행사하는 사림의 공세에 쩔쩔맸다. 문제는 임금도 예외가 아니었다는 점이다. 기세등등한 사림은 성종 앞에서도 직언을 퍼부었다.

"신하의 도道는 의義를 따르는 것이지, 임금을 따르는 게 아닙니다."[26] 1493년 홍문관 전한典翰 성세명成世明이 임금에게 아뢴 말이다. 그해 조선 땅에는 지진·우박 등 자연재해가 빈번했다. 사헌부에서는 뜬금없이 영의정 윤필상尹弼商을 탄핵했다. "천변이 거듭되는 것은 수상 자리에 적절치 못한 자가 앉아 있기 때문"이라는 명목이었다. 진짜 이유는 따로 있었다.

윤필상이 자꾸 임금을 편들어 사림의 언로를 가로막았다고 본 것이다.

윤필상은 사직상소를 올렸다. 잘못이 있든 없든 탄핵을 받은 대신은 사직을 청하는 것이 관례였다. 성종은 '불윤비답不允批答'을 내렸다. 사직을 윤허하지 않는다는 뜻이니 사실상의 신임장이었다. 그런데 홍문관 교리校理 유호인俞好仁이 불윤비답의 전달을 거부했다. 임금의 처사가 부당하다며 항명한 것이다. 화가 난 성종은 유호인을 잡아들였다. 이에 성세명이 "신하의 도는 임금이 아니라 의를 따르는 것"이라고 두둔하고 나섰다. 결국 유호인은 풀려났고, 윤필상은 물러났다.

성종 말년에 이르면 매사가 이런 식이었다. 사림은 언로를 펼쳐 사사건건 임금과 대신들을 물고 늘어졌다. 사소한 일도 트집을 잡아 벼랑 끝까지 몰고 갔다. 한번은 대비들이 모여 사는 창경궁에 물이 넘쳐 수로를 정비한 일이 있었다. 수로에 구리 수통水桶을 깔았는데 사림이 왕실에서 사치를 조장한다며 으르렁댔다. 어쩔 수 없이 구리 수통을 뜯어내고 돌을 깔았다. 그 여파로 궁궐 담장을 두 군데나 허물었다. 배보다 배꼽이 커진 것이다.

세자는 아버지 곁에서 서무 결재를 맡아보며 성종이 사림의 언로에 쩔쩔매는 모습을 지켜보았다. 언로를 근간으로 삼는 유교 통치체제가 연산군은 못마땅했다. 저들은 단지 '절개 있는 선비'라는 명성을 얻고자 임금에게 무작정 큰소리치는 게 아닐까? 세자가 볼 때 사림의 언로는 무엄하고 방자했다. 임금을 업신여기는 유교 통치체제가 기분 나빴다. 그는 결심했다. 능상凌上, 위(왕)를 능멸하는 유교 정치를 내가 왕이 되면 반드시 손보리라.

사림을 공포로 몰아넣다

1494년 성종이 세상을 떠나고 연산군 이융이 19세의 나이로 왕위에 올랐다. 새 임금을 길들이겠다는 것인지 사림이 목소리를 높였다. 선왕의 명복을 비는 수륙재水陸齋를 올리려 하자 불교식 제례는 안 된다며 극렬하게 반대했다. '성종成宗'이라는 묘호廟號를 정하는 일도 순탄치 않았다. 우여곡절 끝에 뜻을 관철하기는 했지만, 연산군은 언로를 제도적으로 보장한 유교 통치체제의 매운맛을 톡톡히 보았다. 그는 속내를 숨기고 본때를 보여줄 날을 별렀다.

1498년 유자광柳子光과 이극돈李克墩이 세조를 비방한 사초를 고변하자 연산군은 쾌재를 불렀다. 『성종실록』 편찬을 위해 김일손金馹孫이 제출한 사초에 스승 김종직金宗直의『조의제문弔義帝文』이 실린 것을 문제 삼았다.『조의제문』은 세조가 단종을 폐하고 죽인 사건을 중국 초나라의 의제義帝에 빗대 추모하는 내용이었다. 사림 일각에서는 세조의 행위를 왕위 찬탈로 보고 비판적으로 묘사해왔다. 그것이 사초에 오르는 순간 공론화를 피할 수 없었다.

저들이 간악한 파당을 이루어 선왕을 헐뜯었다는 공소가 즉각 제기되었다. 실제로 유자광 등이 샅샅이 뒤진 사초에는 세조의 낯 뜨거운 비행들이 적나라하게 담겨 있었다. 아들 의경세자懿敬世子(덕종)의 후궁들과 불륜이 있었음을 암시하는가 하면 단종 생모 현덕왕후의 무덤을 파내 유해를 바닷가에 버렸다는 설도 넣었다. 믿거나 말거나, 세간의 소문을 근거도 없이 사초에 옮긴 것이다. 세조의 증손자인 연산군으로서는 임금을 능멸한 것이나 마찬가지였다.

연산군은 이를 대역무도大逆無道로 다스렸다. 무오사화가 터진 것이다. 김종직은 부관참시되었고 김일손·권오복權伍福·권경유權景裕·이목李穆·허반許磐 등은 극형에 처해졌다. 훗날 문묘에 종사되는 김굉필金宏弼과 정여창鄭汝昌도 이때 유배를 떠났다. 피맛을 본 연산군은 폭주하기 시작했다. 조금만 거슬리면 불경죄로 목을 베거나 사지를 찢었다. 조정과 궁궐에 공포의 그림자가 짙게 드리웠다. 사림의 언로는 얼어붙었고 훈구 대신들도 눈치 보기에 급급했다.

기고만장한 연산군은 방탕하고 포악한 임금으로 변해갔다. 1502~1503년에는 장녹수에게 푹 빠져 국고를 탕진하고 민폐를 끼치니 급기야 할머니 소혜왕후가 발 벗고 나섰다. 대왕대비는 손자를 여러 차례 타이르는 한편 윤필상 등 원로대신들에게도 간언을 요청했다. 나라의 어른들 말고는 폭주하는 임금을 제어할 수 없는 상황이었다. 왕이 더 망가지기 전에 간곡히 설득해 처신을 바로잡으려고 했다.

왕을 능멸하는 폐단을 고치지 않을 수 없다
❀

아무리 폭군이라도 어른들이 이렇게 나오면 멈칫할 수밖에 없다. 그러나 속으로는 분노와 원망이 부글부글 끓어올랐다. 마음대로 하지 못하는 것을 견디지 못했다. 불현듯 좋은 생각이 떠올랐다. 연산군은 폐비 윤씨라는 패를 만지작거렸다. '저들은 내 어머니를 내치고 죽인 사람들이 아닌가? 할머니는 어머니에게 투기와 배덕의 올가미를 씌웠고, 원로라는 사람들은 폐출과 사사賜死에 동조하지 않았던가?'

폭군은 절대권력을 탐했다. 어머니의 이름으로 마지막 걸림돌을 제거하기로 했다. 자식이 어머니의 한을 풀겠다는데 누가 가로막을쏘냐? 1504년 3월 20일 갑자사화의 불길이 타올랐다. 연산군은 폐비 윤씨를 모함했다는 죄로 선왕의 후궁들을 때려죽이고 살기등등하게 대왕대비 소혜왕후의 처소로 쳐들어갔다. 불손한 말들이 마구 튀어나왔다.

"할머니는 어찌하여 제 어미를 죽였습니까?"[27] 한밤중에 친손자에게 봉변을 당한 할머니의 참담함이란 말로 형용할 수 없는 것이다. 소혜왕후는 그로부터 한 달 후 창경궁 건춘전에서 세상을 떠났다. 참극의 불길은 순식간에 대신들에게 번졌다. 윤필상·성준成俊·한치형韓致亨·이극균李克均·이세좌李世佐 등이 처참하게 최후를 맞았고 지난날 왕비 폐출을 부추긴 한명회韓明澮는 부관참시를 당했다.

연산군은 정말 어머니의 원수를 갚으려고 했을까? 사실 그는 즉위 초에 성종의 묘비문을 검토하다가 우연히 폐비 윤씨의 억울한 사정을 알게 되었다. 그날 왕은 수라를 들지 않고 어머니의 죽음을 애도했다.[28] 하지만 연산군이 뒤늦게 참극을 일으킨 데는 냉혹한 정치적 목적이 깔려 있었다.

"능상, 위를 능멸하는 것이 오늘날 풍속을 이루었으니 그 폐단을 고치지 않을 수 없다. 이제 임금을 업신여기는 죄를

사랑, 나라를 뒤흔들다

범하면 경중을 따지지 않고 엄한 법으로 다스려 인심이 바른 데로 돌아가도록 할 것이다."[29]

연산군은 재상이든 대간이든 왕을 능멸하는 말을 한 자가 있으면 상고해 아뢰라고 명을 내렸다. 과거의 기록들을 샅샅이 뒤져 자신에게 잔소리한 대신들과 쓴소리한 언관들을 모조리 잡아들였다. 갑자사화로 훈구파와 사림파를 막론하고 239명 이상이 화를 입었는데 절반 넘게 목숨을 잃었다. 손바닥 뚫기, 인두로 지지기, 가슴 빠개기, 뼈 바르기, 마디마디 자르기, 배 가르기, 뼈를 갈아 바람에 날리기 등 온갖 악형이 동원되었다.

연산군은 전무후무한 전제군주가 되었다. 언로를 틀어막고 침묵을 강요하는 무시무시한 공포정치를 펼쳤다. 관원과 내관들은 신언패愼言牌를 차고 다녔다. 패에는 이런 글귀가 새겨져 있었다고 한다. "입은 화를 부르는 문이요, 혀는 자신을 베는 칼이다."[30]

연산군은 비록 문리를 깨우치지는 못했지만, 동물적인 정치 감각을 지닌 인물이었다. 잔혹하면서도 집요하게 언로에 구애받지 않는 절대권력을 손에 넣었다. 단, 꿈자리는 사나웠을 것이다. 공포정치로 많은 사람을 죽였기 때문이다. 화를 입은 자들이 연산군의 꿈속을 헤집고 다녔을지도 모른다. 죽은

자의 환영은 산 사람을 돌아버리게 하는 주술이다. 밤잠을 설치고 어둠 속을 응시하는 나날이었을 것이다. 그들의 비명을 삼키느라 연산군의 가슴은 미어터졌으리라.

그 흉흉한 속내를 연산군은 광기 어린 사랑으로 달래려 했다. 여색만이 구원이었다. 장녹수만으로는 타는 듯한 갈증을 해소할 수 없었다. 왕비와 후궁과 궁녀들로도 공허한 마음을 채울 수 없었다. 폭군의 욕정은 팔도강산으로 뻗어나갔다. 크고 작은 고을에 모두 기생을 두고 운평運平이라 부르게 했다. 그 수가 나중에는 1만 명이나 되었다고 한다. 미색과 재주가 출중한 여인들은 채홍사採紅使 임사홍任士洪 등이 서울로 데려갔다.

성균관에 기생을 모아놓고 흥청망청 놀다
❀

운평이 왕의 선택을 받아 대궐로 뽑혀가면 흥청興淸이 된다. 연산군은 경회루 연못가에 비단 장막을 치고 임금의 배 용주龍舟를 띄워 이들의 노래와 춤을 즐겼다. 유학의 본산인 성균관에 흥청들을 불러 모아 음탕한 놀이를 벌이기도 했다. 흥청들을 거느리고 탕춘대(북한산)나 두모포(옥수동)

사랑, 나라를 뒤흔들다 ─────

로 나들이 가는 것도 소일거리였다. 이때 거사擧舍라는 작은 방을 들고 따르게 했는데 길에서 마음이 동하면 안에 들어가 정을 통했다.

흥청은 나라에서 쌀과 면포로 봉록을 지급했으며, 부모 형제도 상경시켜 집과 전답을 내주었다. 마음에 드는 집을 찍고 아뢰면 왕이 호조에 명하여 강제로 사들이니 성 안의 좋은 집들은 그네들 차지가 되었다.[31] 또 임금과 동침하면 천과흥청天科興靑이라 해서 후궁에 버금가는 대우를 해주었다. 이렇게 되자 세간에는 아들보다 딸을 낳아 흥청으로 출세시키기를 소원했다.

연산군의 미친 색탐은 패륜으로 치달았다. 궁중 잔치에 사대부의 아내들을 불러들이고 미색이 눈에 띄면 구석진 방으로 끌어들여 간통했다. 성종의 후궁 소생이자 배다른 누이 혜신옹주도 연산군과 잠자리를 가졌다. 부마 임숭재任崇載는 춤과 노래, 사냥으로 폭군의 비위를 잘 맞추었는데 자기 아내인 옹주까지 바쳤다. 심지어 큰어머니인 월산대군月山大君 부인 박씨도 왕에게 총애를 받아 잉태하자 약을 먹고 죽었다고 한다.[32]

박씨 부인의 남동생 박원종朴元宗이 중종반정을 일으킨 것은 누이가 죽고 두 달도 안 된 시점이었다(1506년 9월 2일). 연산군은 결국 자기 밑에서 호의호식하던 자들에 의해 왕위에서 쫓겨났다. 반정공신 가운데는 연산군에게 아부하고 충성를 맹세했던 인사가 수두룩했다. 박원종 또한 연산군이 아꼈던 신하 중의 한 사람이었다. 백성이 등 돌리고 정변 조짐이 무르익자 자기들이 살려고 선수를 친 것이다.

"인생은 풀잎에 맺힌 이슬 같아서, 더불어 만날 때가 많지 않도다人生如草露 會合不多時." 반정이 일어나기 열흘 전, 연산군이 후원에서 잔치를 벌이다가 읊은 시다. 왕이 풀피리 몇 곡조를 불더니 돌연 탄식하며 두어 줄 눈물을 흘렸다. 때아닌 청승에 나인들이 몰래 비웃었는데 장녹수는 임금을 따라 슬피 흐느꼈다. 폭군도, 애첩도 정변을 예감하고 있었다.

왕이 흥청망청 즐기는 동안 백성들은 비용을 대느라 등골이 휘었다. 도성 사방 100리 이내를 임금 전용 사냥터로 삼는 바람에 광주·양주·고양 등 인근 고을들이 폐지되고 주민들이 몽땅 쫓겨났다. 생업을 잃은 백성들은 떠돌아다니다가 굶어 죽었다. 숭례문과 노량진 사이에 송장이 산더미처럼 쌓였다. 이제 폭정의 대가를 치를 시간이다.

반정이 일어나자 장녹수는 성난 군중 앞으로 끌려갔다. 반정 주역들은 폭정에 고통받은 백성들의 시선을 폭정의 공범이었던 자신들이 아니라 왕의 여자들에게 돌리고자 했다. 망나니 칼이 번뜩이고 장녹수가 쓰러졌다. 사람들은 앞다퉈 돌

멩이를 던졌다. "일국의 고혈이 탕진된 곳"이라며 국부를 겨냥했다. 시신은 금세 돌무더기 속으로 사라졌다.

유학자들은 줄곧 폭군을 미녀와 결부시켰다. 중국 하나라 걸왕은 말희와 주지육림酒池肉林에서 노닐다가 망했고, 은나라 주왕은 달기와 포락형炮烙刑을 즐기다가 원망을 샀다. 경국지색傾國之色, 나라를 기울게 하는 여색이다. 하지만 자기 임금과 마지막까지 운명을 같이하는 것 또한 여인네들이다. 말희는 걸왕과, 달기는 주왕과 최후를 함께했다. 의자왕의 삼천 궁녀는 낙화암에서 몸을 날렸다. 장녹수는 폭군의 죄를 뒤집어쓰고 욕받이로 죽었다. 나라를 기울게 했는지는 몰라도 최소한 의리는 지킨 여자들이다. 경국지색의 역설이다.

연산군은 강화도 교동으로 유배를 떠나 두 달 뒤에 숨졌다. 죽기 전에 그는 중전이 보고 싶다는 말을 남겼다고 한다. 이 소망은 폭군의 아내였으나 덕망이 높았던 폐비 신씨에 의해 이루어졌다. 연산군의 시신은 강화도 교동에서 양주(서울 도봉구 방학동)로 옮겨졌고 1537년 신씨가 곁에 묻혔다. 폭군은 수많은 여인을 거쳐 아내의 품으로 돌아갔다.

궁녀의 사랑을 배신하다
● 숙종과 장희빈 ●

궁녀를 품에 안다

1680년 10월 인경왕후가 세상을 떠나자 20세의 임금 숙종은 두 살 연상의 궁녀 장옥정張玉貞을 침전으로 불러들였다. '장가 옥정'은 대왕대비의 시중을 드는 지밀나인이었다. 6년 전 14세의 나이로 즉위한 숙종은 증조할머니 장렬왕후의 처소에 문안 갈 때마다 이 나인을 눈여겨보았다. 얼굴도 예쁘고 처신도 애교스러워 대왕대비의 총애를 듬뿍 받고 있었다. '이팔청춘'의 탐스럽게 피어나는 나인을 사춘기 임금은 내심 점찍어두었다. 그러나 티를 낼 수는 없었다. 인경왕후가 궁녀를 엄히 단속했기 때문이다. 봉인은 왕비의 죽음으로 해제되었다. 왕은 꿈에 그리던 나인을 드디어 품에 안았다.

숙종의 어머니 명성왕후는 승은 궁녀가 누군지 알아보고는 치를 떨었다. 역관 장현張炫의 종질녀가 아닌가? 장현은 조선의 대부호였다. 부와 권력은 동전의 앞뒷면과 같았다. 부를 거머쥔 자산가들이 사업을 키우려면 뒷배가 필요했고, 권력을 꿈꾸는 야심가들이 세력을 키우려면 자금이 필요했다. 장현은 종친과 남인의 물주가 되었다.

명성왕후는 서인 집안 출신이었다. 서인은 1623년 인조반정 이후 50년 넘게 정권을 잡았다. 집권당으로서 대대로 왕실과 통혼해 왕비를 배출하고 외척이 되었다. 그러나 예송논쟁에서 서인 영수 송시열宋時烈이 효종을 깎아내리는 예론을 펴는 바람에 그 아들 현종의 미움을 샀다. 종친들은 서인이 왕권을 업신여긴다며 남인 세력과 손잡았다. 1674년 현종의 뒤를 이어 즉위한 숙종은 어린 나이에도 과감하게 서인을 축출하고 남인에게 정권을 넘겼다.

이때 종친과 남인의 자금을 댄 자가 장현이었다. 그 후 남인이 허황하고 무사안일한 국정 운영으로 임금의 신뢰를 잃고, 종친 복선군福善君을 추대해 역모를 꾀한 죄로 옥사에 휘말리며 서인과 외척은 1680년 정권을 되찾았다(경신환국). 서인 정권은 남인 영수 허적許積과 윤휴尹鑴, 숙종의 당숙들을 죽음으로 몰았으며 장현은 멀리 유배 보냈다. 그런데 장현의 종질녀가 자기 아들의 승은을 입다니, 서인 당색이 강한 명성왕후는 용납할 수 없었다.

명성왕후는 장옥정을 궁 밖으로 내치고 계비 간택령을 내리게 했다. 1681년 5월 서인 민유중閔維重의 딸 인현왕후가 숙종의 두 번째 왕비가 되었다. 하지만 승은 궁녀를 출궁시킨 것은 명성왕후의 실수였다. 오빠 장희재張希載의 집에 거처하는 옥정을 바라보고 남인과 종친 세력이 다시 결집했다. 정권을 빼앗기고 지리멸렬했던 그들로서는 호박이 넝쿨째 굴러온 셈이었다.

1683년 12월 명성왕후가 세상을 떠났다. 숙종과 장옥정의 사랑을 가로막던 최대 장애물이 사라진 것이다. 명성왕후의 삼년상이 끝나자 장렬왕후가 임금에게 옥정을 다시 입궁시키라고 권유했다. 물론 종친과 남인들의 입김이 들어간 일이었다. '현숙한 계비' 인현왕후는 승은 궁녀를 민가에 두는 것은 왕실의 체면을 깎는 처사라며 재입궁을 거들었다.

1686년 봄 28세의 나이로 궁에 돌아온 장옥정을 숙종은 열정적으로 맞이했다. 그리움이 컸던 만큼 사랑도 뜨겁게 타올랐다. 창경궁은 청춘 남녀의 놀이터였다. 임금이 수작을 걸

　　　　　　　　　　　궁녀의 사랑을 배신하다 ─────

면 옥정은 '나 잡아 봐라' 하면서 궁을 헤집고 다녔다. 인현왕
후에게 달려가 남편 좀 말려달라고 짐짓 읍소하기도 했다. 사
랑을 못 받는 왕비를 약 올리고 조롱한 것이다.

임금은 창경궁에 아름다운 별당을 지었다. 사랑하는 여인
을 위한 특별한 처소, 취선당이었다. 취선당이 다 지어지자 숙
종은 드디어 장옥정을 숙원에 봉했다.[33] 인현왕후는 속절없이
뒷전으로 밀려났다. 여기서 끝이 아니었다. 바야흐로 피의 숙
청과 왕비 교체라는 태풍이 조선을 덮쳐오고 있었다.

궁녀는 '왕의 여자'

조선시대에 궁녀가 임금의 사랑을 받아 왕실의
일원이 되는 것은 흔치 않은 일이었다. 장옥정은 어떤 나인이
었을까? 숙종을 만나기 전까지 궁에서 무엇을 했을까? 궁녀
는 구중궁궐, 국왕 일족이 거처하는 액정掖庭에서 시중을 들
고 일상사를 도맡은 여인들이다. 조선시대에는 궁녀를 '나인'
이라고 불렀다. 오래 근무하면 '상궁'이 된다. 내명부 품계도
받았는데 상궁은 4~5품, 나인은 7~9품이었다.

액정에는 왕·왕비·대비·후궁·세자·세자빈 등의 처소가

있었다. 처소마다 궁녀들이 배치되었는데, 처소의 주인이 뽑을 수 있었다. 요즘으로 치면 회사 공채가 아니라 부서별 특채였다. 17세기 궁녀 가운데는 공노비 출신이 많았다. 예컨대 대전과 동궁에는 왕실 재산을 관장하는 내수사의 여종들이 큰 줄기를 이루었다. 또 왕비와 세자빈의 처소에는 '본방나인'이라 하여 친정에서 데려온 몸종과 유모들이 근무하기도 했다.

장옥정은 친가와 외가 모두 역관을 지낸 중인 집안 출신이었다. 당시에는 이례적인 일이었다. 중인 궁녀가 본격적으로 등장한 것은 1801년 공노비 해방 이후였다. 역관의 딸 옥정이 궁에 들어간 데는 필시 어떤 의도가 숨어 있었으리라 짐작된다.

그녀는 어린 나이에 입궁했다. "장씨는 머리를 땋아 올릴 때부터 궁중에 들어와……."[34] 훗날 왕비로 삼겠다는 숙종의 전지(傳旨)(왕명서)에 나온 말이다. 장옥정은 11세에 아버지를 여의고 당숙 장현의 보살핌을 받았다. 궁녀로 입궁하기 딱 좋은 나이였다.

궁녀는 '왕의 여자'다. 그렇다고 모든 궁녀가 임금과 그렇고 그런 사이라는 뜻은 아니다. 관념적으로 그렇다는 것이다. 조선시대 궁녀의 업무는 크게 지밀(시중) · 침방(의상) · 수방

(자수)·소주방(음식)·생것방(다례)·세수간(목욕)·세답방(세탁) 등으로 나뉘었다. 이 가운데 실세는 지밀나인이었다. 하인의 힘은 주인과의 거리에서 나온다. 주인 곁에서 문고리를 잡아야 실세다. 지밀나인은 주인의 시중을 들고 심기까지 관리하는 측근들이었다.

장옥정은 대왕대비 장렬왕후의 지밀나인이었다. 장렬왕후는 인조의 계비로 들어와 자손도 없이 외롭게 늙어가는 여인이었다. 옥정은 대왕대비의 손녀딸 노릇을 해주며 총애를 독차지했다. 임금과 세자의 눈에 띌 수밖에 없었다. 장렬왕후는 비록 실권이 없는 뒷방 늙은이였지만, 반드시 문안 인사를 챙겨야 하는 궁중의 큰 어른이었다. 숙종은 세자 시절부터 대왕대비의 처소에 드나들며 예쁜 나인을 마음에 두었을 것이다.

궁녀가 왕실의 일원으로 벼락출세할 기회는 바로 이 문안 인사의 동선에서 나왔다. 세자는 국왕의 처소보다 대비들의 처소에서 나인을 점찍었다. 아버지의 궁녀는 말 그대로 '왕의 여자'였다. 함부로 건드릴 수 없었다. 하지만 어머니나 할머니의 나인은 달랐다. 사춘기에 접어들고 이성에 눈뜨면 그 여인이 밤마다 어른거리지 않았을까?

정조는 세손 시절 어머니 혜경궁 홍씨가 수양딸처럼 기르던 나인 성덕임成德任을 마음에 두었다. 1766년 15세의 세손은 한 살 어린 덕임에게 고백했으나 거절당했다. 덕임은 세손 빈이 아직 아이를 낳지 못했다며 세손을 받아들이지 않았다. 하지만 정조는 왕위에 오른 후 15년 만에 다시 성덕임에게 승은을 내리고자 했다. 이번에는 덕임의 하인을 벌하겠다고 협박해 뜻을 이루었다. 이 나인이 바로 요절한 문효세자文孝世子의 어머니 의빈 성씨다.

'기사환국'으로 '기사회생'하다

　　　　장현이 종질녀를 장렬왕후의 처소에 들인 것은 다분히 의도적이었다. 그는 청나라를 오가며 효종의 특명을 수행한 역관이었다. 종친들과도 친분이 두터웠다. 액정이 어떤 곳인지 잘 알고 있었다. 옥정을 장렬왕후의 처소에 두면 임금이나 세자의 눈에 띌 테고 정보 수집에도 큰 도움이 될 것이라고 판단했다. 장현은 자기 딸을 궁녀로 들여보낸 것도 모자라 종질녀까지 입궁시켜 부와 권력을 일구는 밑거름으로 삼았다.

　　장옥정은 마침내 숙종의 마음을 사로잡아 후궁이 되었다. 1688년 10월에는 아들(경종)까지 낳았다. 28세의 청년 군주는 크게 기뻐했다. 내심 후사를 걱정하던 숙종이었다. 그런데 떡두꺼비 같은 왕자를, 그것도 사랑하는 여인에게서 얻었으니 얼마나 기뻤겠는가? 해가 바뀌자 숙종은 신하들을 모아놓고 중대 발표를 했다. 새로 태어난 왕자를 원자로 삼겠다는 것이었다. 원자는 왕위 계승권을 가진 임금의 맏아들을 말한다.

서인 정권은 발칵 뒤집혔다. 출생한 지 두어 달밖에 안 된 갓난아기를, 그것도 궁녀 출신 후궁의 소생을 후계자로 정하다니 있을 수 없는 일이었다. 서인들은 인현왕후의 나이(23세)가 아직 한창이니 적장자를 얻을 때까지 지켜보자고 했다. 그러나 임금은 밀어붙였다. 결국 숙종은 갓난아기를 원자로 삼고 장옥정을 정1품 희빈에 봉했다.

서인의 정신적 지주 송시열이 가만있을 리 없었다. 상소가 날아들었다. 후궁 소생인 송나라 철종의 예를 들며 제왕의 처신을 논했다. 군주를 훈계한 것이다. 숙종은 분통을 터뜨렸다. 송시열은 지난날 효종의 은혜를 입고도 사후 차남이라 하여 정통성을 부정한 배은망덕한 자가 아닌가? 원로라 해도 왕권을 업신여기는 언행은 용서할 수 없었다.

1689년 2월 숙종은 송시열의 관작을 빼앗고 도성 문 밖으로 내쫓았다. 정계 개편의 신호탄이었다. 재상·승지·대간·군부 등 조정의 요직이 다시 남인 세력에게 넘어갔다. 9년 전

경신환국의 복사판이었다. 이 정계 개편을 '기사己巳환국'이라 일컬었다. 남인으로서는 기사회생했으니 '기사起死환국'이었다.

남인 정권은 서인 영수 송시열·김수항金壽恒 등에게 극형을 내려달라고 임금에게 촉구했다. 정해진 수순이었다. 저들이 남인 거물들(허적·윤휴)을 죽였으니, 우리는 서인 거물들을 죽이겠다는 것이었다. 사소한 예법 논쟁으로 촉발된 당쟁은 어느덧 사생결단의 복수전으로 격화되어 있었다. 숙종의 극단적인 환국換局 정치가 빚은 끔찍한 부작용이었다.

김수항은 유배지에서 사약을 받았다. 제주도에 위리안치된 송시열은 일단 죽음을 피했다. 섬에 귀양 보내 가시 울타리를 쳤으니 그만하면 되었다는 숙종의 뜻이었다. 얼핏 관용이나 예우처럼 보이지만 실상은 그렇지 않았다. 임금은 자기가 진짜로 원하는 것을 얻기 위해 송시열의 목숨을 미끼로 남겨놓았다. 인현왕후를 쫓아내고 장희빈을 왕비에 앉히겠다는 속셈이 무르익고 있었다.

1689년 4월 숙종은 신하들 앞에서 느닷없이 인현왕후의 투기를 거론하기 시작했다. "중전이 일전에 선왕先王(현종)과 선후先后(명성왕후)를 꿈에서 뵈었다며 '옥정은 아들이 없을 뿐만 아니라 액정에 두면 나라에 이롭지 못할 것'이라는 말을

궁녀의 사랑을 배신하다

들었다고 했다. 그렇다면 원자는 어떻게 탄생했는가?"[35] 며느리가 거짓말을 꾸며 돌아가신 시부모를 욕되게 했다는 것이다. 하물며 왕가에서 이럴 수 있느냐며 짐짓 분개했다.

남인들이 송시열에게 극형을 내리라고 재차 청하는 자리에서 나온 말이다. 오호라, 송시열을 죽여줄 테니 서인 왕비를 투기죄로 몰아 쫓아내는 데 협조하라는 뜻이었다. 그러나 아무리 남인 정권이라도 중전 폐출에 발 담그기는 꺼림칙했다. 국모이자 본부인을 몰아내는 일이다. 민심이 술렁일 게 뻔했다. 그들은 임금의 폭주를 만류했다. 서인들이야 말해 무엇하겠는가? 국왕이 후궁에게 눈이 멀어 법도를 무너뜨린다고 목소리를 높였다.

왕비 교체는 알고 보면 왕권 강화를 위한 숙종의 승부수였다. 그는 예송논쟁을 거치면서 신하가 국왕을 능멸하는 폐단이 극에 달했다는 인식을 갖고 있었다. 1674년 즉위하자마자 송시열을 유배 보낸 것도 그래서다. 이 자가 바로 '무엄한 신하'의 우두머리라고 여겼기 때문이다. 임금으로서 그의 지상 과제는 왕권 강화였다.

"미나리는 사철, 장다리는 한철"

숙종은 왕권을 높이려면 적통을 확립해야 한다고 생각했다. 적장자, 왕비 소생의 맏이가 보위에 올라야 임금의 권위가 바로 선다는 것이었다. 숙종은 현종의 적장자였다. 현종이 효종의 적장자였으므로 적장자의 적장자였다. 조선은 적장자의 수난이 계속된 나라였다. 그때까지 적장자의 적장자로 즉위한 것은 단종이 유일했다. 숙종 때 세조에게 왕위를 찬탈당한 노산군을 단종으로 복위시킨 것은 우연이 아니었다.

14세의 어린 나이에 즉위한 숙종은 2대 연속 적장자 임금의 정통성을 내세워 세게 나갔다. 그는 새로 태어난 원자도 보위에 오르려면 당연히 적장자가 되어야 한다고 믿었다. 후궁 소생인데 어떻게 적장자일 수 있는가? 방법이 있다. 인현왕후를 쫓아내고 장희빈을 왕비에 앉히면 된다. 원자를 왕비 소생으로 만드는 것이다. 적장자의 적장자의 적장자, 그것이 왕권을 반석 위에 올려놓는 길이라고 숙종은 확신했다.

사실 기사환국으로 남인에게 정권을 돌려준 것도 이 구상을 실현하기 위한 정지 작업이었다. 남인 정권이 발을 빼자 왕은 겁을 주기로 했다. 때마침 오두인嗚斗寅·박태보朴泰輔 등 서인 86명이 중전 폐출을 반대하는 상소를 올렸다. 숙종은

궁녀의 사랑을 배신하다

문구 몇 군데를 꼬투리 잡아 상소를 주도한 자들을 한밤중에 잡아들였다. 압슬과 낙형을 가하고 몽둥이로 입을 쳐서 죽였다. 그리고 앞으로 중전 폐출을 반대하는 자는 역적죄로 다스리겠다고 엄포를 놓았다. 남인들도 더는 임금에게 토를 달지 못했다. '지엄한 협박'에 꿀 먹은 벙어리가 된 것이다.

1689년 5월 2일 인현왕후가 쫓겨나 흰 가마를 타고 친정으로 돌아갔다. 곡哭하면서 따르는 이가 넓은 길을 메웠다. 5월 6일에는 장희빈을 왕비로 삼는다는 숙종의 전지가 내려졌다. 전무후무한 궁녀 출신 왕비의 탄생이었다.

숙종은 수단과 방법을 가리지 않고 목적을 달성하자 남인 정권에 선물을 던져주었다. 송시열에게 사약을 내린 것이다. 서인의 거목은 왕명을 받들기 위해 제주도에서 뭍으로 나왔다. 스승의 마지막 길을 함께하기 위해 제자와 문인들이 모여들었다. 그 무렵 서인은 송시열과 윤증尹拯의 '회니시비懷尼是非'가 공개되며 노론과 소론으로 갈려 있었다. 하지만 송시열이 정읍에서 사약을 받고 쓰러지자 '한 지붕 두 가족'은 서로 협력해 반전을 도모했다.

한편 숙종은 1693년 새 왕비를 제쳐두고 무수리 최씨(숙빈 최씨)에게 승은을 내렸다. 무수리는 궁에서 물 긷는 하녀였다. 궁녀 출신 왕비 장옥정은 나인들의 욕망을 경계했다. 신데렐라는 자기 하나로 족했기 때문이다. 특히 젊은 지밀나인들을 엄히 단속했다. 왕의 시선이 천한 무수리에게 향한 것은 그래서다. 왕비의 단속망을 피해서 하녀를 넘본 것이다. 장옥정에 대한 숙종의 애정은 식어갔다. 부부 관계에 이상기류가 흘렀다.

세간의 민심도 심상치 않았다. 인현왕후 폐출에 대한 반감과 동정이 주를 이루었다. 서포 김만중金萬重이 지은 한글 소설『사씨남정기』가 여항閭巷에 나돌았다. 한림학사 유연수가 현숙한 부인 사씨를 내치고 간악한 첩 교씨를 집에 들였다가 신세 망치는 이야기다. 유연수는 숙종, 사씨는 인현왕후, 교씨는 장옥정을 빗댄 것이다. 백성들은 "미나리는 사철, 장다리는 한철"이라는 노래를 흥얼거렸다. 본부인은 오래가지만, 첩은 금세 시든다는 뜻의 참요讖謠였다. 민심은 변덕스러운 임금을 흔들었다.

숙종은 다시 환국을 모색했다. 때마침 남인 정권이 서인 세력의 정변 음모를 밝혔다며 옥사를 일으켰다. 서인들도 맞불을 놓았다. 왕비의 오빠 장희재가 무수리 출신 후궁 최씨를 독살하려 했다는 고변이 들어왔다. 숙종은 옥사를 부풀린 집권당을 벌하고 사랑하는 후궁의 편에 선 서인에게 정권을 넘겼다. 1694년 갑술환국이었다. 이 또한 기사환국처럼 왕비 교체를 위한 정지 작업이었다.

인현왕후의 복위와 장희빈의 죽음

숙종은 폐비를 복위시켜 민심을 얻고자 했다. 그
냥 궁에 데려와서는 티가 안 난다. 기왕이면 모양 좋게 꽃가
마에 태워야 한다. 감동적인 드라마가 필수다. 임금과 폐비는
극진한 편지를 주고받았다. 『숙종실록』에 실려 있다. 중간에
감질나는 '밀당'도 있고, 거의 연애편지를 방불케 한다.

"때로 꿈에 만나면 그대가 내 옷을 잡고 비 오듯 눈물을 흘리니
어찌 다시 만날 날이 없겠는가?"(숙종)

"첩의 죄는 죽어 마땅한데 목숨을 보전한 것은 성은에서 나왔습
니다. 천만뜻밖에 옥찰玉札이 내려지니 감격의 눈물만 흐를 뿐입
니다."(폐비)

"답장을 읽으니 만나서 이야기한 것 같구려. 열 번이나 펴보는
데도 매번 눈물이 납니다. 옷과 가마를 보낼 테니 이제 돌아오시
오."(숙종)

"옷과 가마가 다 분수에 넘쳐 감당할 수 없습니다. 도로 거두시면
마음이 편할 듯합니다."(폐비)

"또 번거롭게 하는구려. 지나치게 사양 말고 오늘 들어와야 하오.
몇 글자라도 회답해주오."(숙종)

1694년 4월 12일, 숙종은 인현왕후를 서궁 경복당으로 맞아들이고 장옥정은 희빈으로 강등시켰다. 인현왕후는 저간의 마음고생 때문인지 종기로 고생하다가 1701년 세상을 떠났다. 장희빈이 복위할 것이라는 소문이 궁에 돌았다. 이때 숙빈 최씨의 고변이 나왔다. 장희빈이 저주굿을 벌여 인현왕후를 해쳤다는 것이다. 장희빈이 받은 것은 오매불망 기다리던 복위 교서가 아니라 한때 사랑한 남자가 보낸 사약이었다.

　　"첩의 본분을 망각하고 왕비에게 방자했다." 숙종이 장희빈에게 붙인 죄목이다. 왕은 한때 사랑한 여자를 희생양 삼아 본부인과 첩의 경계를 분명히 하고자 했다. 후궁의 왕비 책봉도 금지했다. 궁녀의 사랑은 그렇게 비극으로 막을 내렸다. 권력은 늘 사랑을 배반하고 아프게 했다.

　　장희빈의 죽음과 함께 남인도 몰락했다. 피 튀기는 당쟁의 주역은 서인 내 노론과 소론으로 바뀌었다. 두 붕당은 왕위 계승을 놓고 치열하게 싸웠다. 소론은 장희빈이 낳은 세자를 후원했고, 노론은 숙빈 최씨 소생의 연잉군(영조)을 밀었다. 1720년 숙종이 세상을 떠나고 세자 이윤李昀이 즉위했다. 그가 바로 제20대 왕 경종이다. 적장자의 적장자의 적장자 임금이었다. 숙종의 뜻대로 왕권이 강화되었을까? 경종은 4년 만에 세상을 떠나고 조선은 내전의 소용돌이에 휘말린다.

　　　　　　　　궁녀의 사랑을 배신하다 ────

잔인한 사랑

● 혜경궁 홍씨와 사도세자 ●

세자빈에 간택되다

　　세자빈 간택揀擇은 아랑곳없이 9세 소녀는 궁궐
구경에 들떠 있었다. 화사한 노랑 저고리에 다홍치마를 맵시
있게 차려입은 명문가 처녀들이 계단 앞에서 다소곳이 제 순
서를 기다렸다. 능참봉陵參奉 홍봉한洪鳳漢의 딸도 단자單子를
올리고 초간택에 참여했다. 집안 형편이 어려워 치마는 오빠
혼수에 쓸 베로 만들고 저고리 안에 낡은 옷을 받쳐 입었다.
세자와 동갑이긴 하지만 나이도 가장 어린 축이었다. 될 거라
고는 일절 기대하지 않았다.

그런데 이게 어찌 된 일일까? 계단에 오르기도 전에 세자의 어머니가 소녀를 불렀다. 영빈 이씨는 애정이 듬뿍 담긴 얼굴로 다가왔다. 화평옹주도 함께였다. 간택 자리에서 영조와 정성왕후는 홍봉한의 딸을 발 안에 들여 어여삐 여겼다. 계단을 내려오자 궁인들이 둘러싸고 앞다퉈 안았다. 9세 소녀는 영문도 모르고 심히 괴로웠다. 1743년 9월 28일의 일이었다. 다음 날 홍봉한이 근심 어린 목소리로 말했다.

"이 아이가 수망首望(첫째 후보)에 들었으니 어이 할꼬?"[36]

아버지는 그저 두려울 뿐이었다. 지난봄 성균관 장의掌議(유생 대표)로서 궁에 들어가 영조를 뵈었다. 왕은 인재를 얻었다고 기뻐했다. 그 의중이 간택으로 이어진 듯싶었다. 부담이 짓눌렀다.

세자빈에 뽑힌다면 근신하고 헤아려야 할 일이 억만 가지다. 세상 물정 모르는 어린 것에게는 가혹하다. 집안도 살얼음판이 될 것이다. 외척은 정쟁의 표적이 되기 쉽다. 권력 다툼에 치여 집안이 망할 수도 있다. 그는 등골이 오싹했다.

초간택을 통과하는 인원은 통상 6~10명이다. 재간택에서 3명으로 압축되고 삼간택에 이르러 최종 1명을 정한다. 세자빈에 뽑히지 않은 2명은 후궁으로 들어가기도 한다. 홍봉한의 딸은 초간택 당시 세자빈으로 내정되어 있었다. 10월 28일

재간택, 11월 13일 삼간택은 형식적으로 치렀다. 소문이 돌면서 일가붙이와 동문의 발걸음이 잦아졌다. 예조판서를 지낸 조부 홍현보洪鉉輔가 세상을 뜬 뒤에 발길 끊은 이들이다. 세상인심이 그러하다.

간택을 마치면 어의동 별궁에 들어가 세자빈 수업을 받아야 한다. 그전에 종갓집 사당에 하직 인사를 올리러 갔다. 사당에는 5대조 할머니 정명공주의 신위가 모셔져 있었다. 선조 임금이 사랑한 딸이 풍산 홍씨 집안에 시집왔고, 그 후손은 영조의 며느리가 되어 왕가로 들어간다. 9세 소녀는 공주 할머니에게 기도했다. 궁중에서 어찌 살지 앞날이 캄캄하지만, 할머니가 든든한 버팀목이 되어달라고 빌고 또 빌었다.

별궁에서는 상궁들에게 둘러싸여 궁중 법도를 배우고 익혔다. 부모도 함께 생활했다. 아버지 홍봉한은 영조에게 하사받은 『소학』을 딸에게 가르쳤다. 어머니는 곁에 있는 것만으로도 딸의 마음을 진정시켰다.

50여 일이 지나 혼례가 닥쳤다. 부모와 작별하는 슬픔에 어린 세자빈은 애간장이 녹았다. 1744년 1월 11일 동갑내기 세자가 데리러 왔다. 혜경궁 홍씨는 사도세자가 내민 손을 잡고 역사의 격랑 속으로 걸어 들어갔다.

궁중 생활은 하루하루 긴장의 연속이었다. 무엇보다 삼전

三殿을 지성으로 섬겨야 했다. 영조 임금은 물론 대비 인원왕후, 중전 정성왕후에게 효도를 다해야 한다. 세자빈은 매일 새벽에 일어나 법도에 따라 예복을 갖추고 아침 일찍 문안 인사를 다녔다. 늦잠을 자면 낭패다. 반드시 잠을 깨워줄 사람이 필요하다. 그녀는 친정에서 온 유모에게 그 임무를 맡겼다. 별일 아닌 것 같아도 두 사람에게는 중대사였다. 궁중생활이 잘 풀리려면 삼전의 사랑을 받아야 하고, 이는 문안 인사에서 출발하기 때문이다. 그녀의 영특하고 부지런한 처신은 빛을 발했다. 세 어른의 총애를 얻어 궁에 안착한 것이다.

영조의 닦달과 편벽

　　　　1752년 세손(정조)을 낳으며 세자빈은 내명부에서 입지를 다졌다. 그사이 아버지 홍봉한도 과거에 급제하고 영조의 측근으로 자리 잡았다. 왕통과 집안을 등에 업은 궁중 여인의 권능은 상상을 뛰어넘는다. 바야흐로 혜경궁의 시대가 오고 있었다. 안팎의 조명이 화려하고 눈부실수록 불길한 그림자 또한 짙어졌다. 사도세자가 마음의 병을 앓기 시작한 것이다. 아내가 볼 때 그 병의 원인은 영조의 삐뚤어진 닦달과 편벽이었다.

사도세자는 영조가 맏아들 효장세자孝章世子(진종)를 잃고 나이 마흔에 다시 얻은 아들이다. 귀하디귀한 만큼 기대도 컸다. 성군의 재목이 되기를 바랐다. 그러나 세자는 학문에 관심이 없었다. 그 대신 개 그림을 그리거나 병장기를 갖고 놀았다. 기대에 어긋나자 아버지는 아들을 뜯어고치려고 했다. 1749년 15세의 세자에게 대리청정을 맡긴 것은 그래서다. 임금 대신 나랏일을 처리하게 해서 완벽한 군주의 자질을 갈고 닦도록 했다.

영조의 엄한 책망이 날마다 이어졌다. 사사건건 트집을 잡았고 직성이 풀릴 때까지 야단쳤다. 대리청정이라고 해도 중요하고 민감한 사안은 임금의 뜻을 물어야 한다. 하지만 영조는 그만한 일도 혼자 결단하지 못하냐며 면박했다. 다음에 세자가 알아서 처리하면 또 말을 바꾸었다. 어째서 자신에게 고하지 않았느냐고 인상을 구겼다.

"저리 한 일은 이리 아니 하였다고 꾸중하셨고, 이리 한 일은 저리 아니 하였다 꾸중하셨다. 어찌 섧고 섧지 않으리오."[37]

세자로서는 한창 사춘기 시절에 골치 아픈 국사를 맡아 아버지에게 들들 볶인 셈이다. 그의 마음은 알게 모르게 병들어갔다. 가슴이 막히거나 두근거리는 증세가 나타났다. 그러나 아버지의 다정한 말 한마디에 목말랐을 아들을 영조는 끝없이 닦달하기만 했다. 심지어 나라에 가뭄이 든 것도 세자가 덕이 없어 그렇다고 탓했다.

세자는 어느새 미운털이 단단히 박혔다. 영조는 사람을 치우치게 대하는 편벽이 있었다. 자식도 호불호가 극단적으로 갈렸다. 요절한 화평옹주와 청상과부 화완옹주는 끼고 살았다. 반면 사도세자와 화협옹주는 얼씬도 못하게 했다. 불길한 일이 있을 때는 싫어하는 자식들을 액땜으로 썼다. 공연히 세자를 불러 말 시키고 귀를 씻었다. 사용한 물은 화협옹주 거처 쪽으로 버렸다. 사도세자와 화협옹주는 씁쓸한 농담을 나누며 동병상련을 곱씹었다.

"우리 남매는 귀 씻을 준비물이로다."[38]

세자빈은 기막혔다. 시아버지의 닦달이 지나치고, 편벽은 괴이하지 않은가? 남편은 착하고 효성스러운 사람이었다. 뭐라 말도 못하고 가슴앓이하는 모습이 안쓰러웠다. 더 큰 문제는 따로 있었다. 세자가 영조의 눈 밖에 났다는 소문이 파다했다. 권력의 속성이 그렇다. 국본國本이 흔들리면 왕위를 넘보는 세력이 나타나기 마련이다. 바꿔 말해 세손의 미래가 불안해진다는 뜻이다. 이것은 세자빈이 용납할 수 없었다.

1752년 세손이 태어난 그해 영조는 궁인 문씨(숙의 문씨)

에게 푹 빠져 있었다. 늙은 임금의 승은을 입고 아기를 배자 문씨는 방자해졌다. 아들만 낳으면 사도세자를 제치고 국본이 될 수도 있었다. 우의정 김상로金尙魯 등 대신들은 벌써 뱃속 아기에게 관심을 보였다. 이 문씨를 세자빈은 '문녀文女'라고 불렀다. 영조의 씨를 품은 총첩寵妾을 세자빈은 경계하고 깎아내렸다. 12월의 양위 소동은 바로 이 문녀의 불손한 언행에서 비롯되었다.

66세에 15세의 계비를 맞다

　　12월 5일 영조가 뜬금없이 창덕궁을 나가버렸다. 양위, 곧 임금 자리를 세자에게 넘기겠다는 것이다. 딱히 그래야 할 명분이 없었다. 자신의 불효도 자책하고 정쟁의 폐단도 거론했으나 양위 명분이라기에는 모호했다. 영조가 즉위 전에 살던 창의궁으로 가버리자 세자가 찾아가서 한겨울 눈보라 속에 엎드렸다. 머리를 돌에 찧어가며 회궁回宮을 간절히 청했다. 망건이 찢어지고 이마에 피가 흘렀다. 벌 받는 죄인의 형상이었다.

　　"차마 듣지 못할 하교를 자꾸 내리시니, 소신이 더욱 죽을

죄를 지어 마음이 찢어지는 것만 같습니다."[39]

이 양위 소동의 배후에는 궁중 비사가 감춰져 있다. 영조가 출궁하기 직전에 문씨가 대비 인원왕후에게 회초리를 맞은 것이다. 문씨가 세자의 생모 영빈 이씨와 다투다가 막말을 했다고 한다. 인원왕후는 내명부의 기강을 바로잡고 왕통을 분명히 하고자 했다. 이에 사도세자가 보는 앞에서 문씨를 무릎 꿇리고 매질했다.[40]

소식을 들은 영조는 불같이 화를 냈다. 자신의 아기를 밴 총희寵姬가 매 맞고 치욕을 당한 것이다. 그것을 세자가 보았다고 하니 자기가 모욕당한 것 같았다. 양위 선언은 그 죄를 묻기 위해 임금이 벌인 한바탕 푸닥거리였다. 가장 괴로운 사람은 사도세자였다. 아들이 눈보라 속에서 피 흘리며 사죄한 뒤에야 아버지는 몽니를 거두고 제자리로 돌아갔다.

그나마 대비 인원왕후와 중전 정성왕후가 방패가 되어줄 때는 나았다. 1757년 두 사람이 잇달아 세상을 떠나자 사도세자는 진짜 위기를 맞았다. 영조의 몰아세우기식 질책에 무방비로 노출된 것이다. 이제 세자를 변호하고 영조를 만류해줄 어른이 없었다. 세자빈의 입지도 흔들렸다. 1759년 66세의 영조가 15세 계비를 들인 것이다. 정순왕후 김씨다.

왕조 국가에서 국모의 자리는 비워둘 수 없다. 1759년 정성왕후의 국상이 끝나자마자 왕비 간택이 이루어졌다. 처녀 단자를 받고 6월 2일 초간택, 4일 재간택, 9일 삼간택을 했다. 번갯불에 콩 볶아 먹듯 진행한 결과 김한구金漢耉의 딸이 영조의 계비로 정해졌다. 김한구는 충청도 서산의 가난한 선비였다. 그가 홍봉한의 집을 드나든 문객이었다는 설이 떠돌았다. 혜경궁 집안이 권세를 유지하기 위해 만만한 선비의 딸을 국모에 앉혔다는 것이다.

정순왕후의 간택 당시 일화는 의미심장하다. 김씨는 다른 처녀들과 달리 방석을 치우고 자리에 앉았다. 아버지 이름이 적혀 있어 함부로 깔고 앉을 수 없다는 것이었다. 영조가 세상에서 가장 깊은 것이 뭐냐고 묻자 그녀는 인심이라고 답했다. 물은 깊이를 잴 수 있지만, 인심은 측량할 수 없다는 게 이유였다. 이어 어떤 꽃이 가장 좋으냐고 묻자 백성들을 따뜻하게 해주는 목화가 제일이라고 했다.[41] 15세 소녀는 어린 나이에도 속 깊고 지혜로운 면모를 보여주었다. 물론 사전에 누가 가르쳐주고 예행 연습을 시킨 티도 난다. 홍봉한의 입김이 있었을까?

또 다른 일화는 정순왕후가 계비로 간택된 후 옷 치수를 잴 때의 일이다. 상궁이 뒤로 돌아달라고 하자 어린 계비는 단호한 어조로 말했다. "네가 돌아서면 되지 않느냐!" 서릿발 같은 왕비의 위엄이 느껴진다. 홍봉한은 만만한 선비의 딸을 골랐을지 몰라도 정순왕후는 만만하게 볼 여인이 아니었다. 세자빈이 골치 아픈 시어머니를 만난 것이다.

내관을 죽여 그 머리를 나인들에게 보이다
❀

　　　　　나이는 세자 부부보다 열 살 어렸지만 정순왕후는 영리하고 강단 있는 왕비였다. 영조의 적자라도 낳으면 서출인 세자의 자리를 흔들 수도 있었다. 거꾸로 동생 영창대군을 죽인 폐주 광해군의 비극이 되풀이될지도 몰랐다. 세자빈의 속내가 복잡해졌다. 사도세자의 병도 깊어졌다.

　"저에게 다른 사람들은 잘 모르는 울화증이 있습니다. 입시入侍(임금을 알현하는 일)를 마치고 나오면 울화가 극심하게 치밀어 미친 듯이 괴롭습니다. 이 병증은 의관들과 상의할 수도 없습니다. 경께서 처방을 잘 알고 계시니 몰래 약을 지어 보내주십시오."

　1753~1754년에 사도세자가 장인 홍봉한에게 보낸 편지다. 임금의 신임을 잃고 안팎의 도전에 직면하면서 세자의 병은 깊어갔다. 출발은 울화증이었지만 갈수록 광기를 드러냈

　　　　　　　　　　　　　　　잔인한 사랑 ──────

다. 심상치 않은 사건이 터진 것은 1757년 영조와 사도세자가 각각 모후인 인원왕후와 정성왕후의 상주를 맡았을 때였다. 안 그래도 심신이 힘들어 죽겠는데 영조의 격노와 책망이 연일 쏟아지자 세자는 돌아버렸다. 아랫사람들을 죽이기 시작한 것이다.

"내관을 죽여 머리를 나인들에게 보이시니 흉하고 놀라웠다."[42]

남편이 피가 뚝뚝 떨어지는 내관의 머리를 들고 오자 세자빈은 까무러칠 뻔했다. 계속해서 나인 여럿을 죽이더니 사람 죽이는 데 길이 났다. 세자빈은 영빈 이씨에게 세자의 만행을 알렸다. 영빈 이씨가 왕에게 고할까 했지만, 세자빈이 말렸다. 자신이 일렀다는 것을 세자가 알면 그예 발길을 끊을까봐 두려웠고, 자칫 화를 당할까봐 겁났다. 사도세자의 만행은 살인에 그치지 않았다. 궁녀들이 수시로 봉변을 당했다.

"나인들을 가까이하셨는데, 그 나인들이 순종하지 않으면 치고 때려서 피가 철철 흐른 다음에라도 가까이하시니 뉘 좋아하리오."[43]

정적들에게 먹잇감이 되다

　　세자는 이미 유혜(양제 임씨)라는 궁녀를 가까이해 두 아들 은언군恩彦君과 은신군恩信君을 낳은 바 있다. 1757년 9월에는 대비전의 침방나인 빙애(수칙 박씨)를 '무단으로' 데려왔다. 여러 해 마음에 두고 있다가 인원왕후가 세상을 떠나자 실행에 옮긴 것이다. 세자가 빙애를 위해 꾸민 방에는 온갖 세간이 다 갖춰져 있었다. 내수사의 왕실 재산도 '무단으로' 가져다 쓴 것이다.

　영조가 이 사실을 알고 노발대발했다. 돌아가신 대비에게 불경을 저지른 셈이다. 게다가 왕실 재산까지 손대다니……. 임금의 엄한 책망이 끝없이 이어졌다. 견디다 못한 세자는 죽어버리겠다고 우물에 몸을 던졌다. 못 볼 꼴을 마침 입시한 신하들이 모두 보고 말았다.

　불똥은 세자빈에게 튀었다. 세자빈은 그동안 영조의 사랑을 누려왔다. 특유의 격한 질책도 며느리에게는 자제했다. 그러나 세자가 함부로 궁녀들을 건드리자 영조는 그녀에게 화살을 돌렸다. 왜 자신에게 고하지 않았느냐고, 너는 투기도 할 줄 모르느냐고, 남편에게 잘 보이려고 그러느냐고 엄히 꾸중했다.

세자빈은 억울했다. 투기는 칠거지악의 하나이고 궁에서는 더욱 금기시하는데 그것을 안 했다고 뭐라 하니 기가 찰 노릇이다. 허나 어이 하랴. 세자빈은 시아버지에게 욕먹는 한이 있어도 남편을 감싸려고 했다. 그렇다고 사도세자가 고마워하지도 않았다. 1760년 여름 그녀에게 바둑판을 던져 왼쪽 눈을 다치게 했으니……. 하마터면 눈망울이 빠질 뻔했다.

그나마 세자빈은 다행이었다. 빙애는 세자의 옷시중을 들다가 맞아 죽었다. 총애하는 첩이라도 그 심기를 거스르면 목숨을 보전하기 힘들었다. 심지어 겨우 돌이 지난 그녀의 아들 은전군恩全君도 이때 아버지에게 칼을 맞고 연못에 버려졌다. 구사일생으로 목숨을 건진 아이는 세자빈이 거두었다.

사도세자는 공포스러운 존재가 되었다. 세 살 어린 여동생 화완옹주도 오빠라면 벌벌 떨었다. 화완옹주는 일찍 남편을 잃었지만, 영조에게 지극한 사랑을 받았다. 딸이 원하는 것을 영조는 웬만하면 들어주었다. 세자는 여동생에게 칼을 들이대고 협박했다. 영조와 한 대궐에 살 수 없으니 경희궁으로 모시고 가라는 것이었다. 자신은 창덕궁을 차지하고 마음 내키는 대로 살 요량이었다. 과연 뜻대로 되었다.

세자는 화완옹주를 꼭두각시처럼 부리며 영조를 속이고 방탕하게 살았다. 창덕궁 후원에서 말 달리고 병장기를 휘둘렀다. 여승과 기생들을 궁에 들여 잔치를 벌였다. 잔치에 화완옹주를 불러 오랜 시간 데리고 있기도 했다.

갑갑하면 궁 밖으로 나갔다. 1761년 3월에는 몰래 평양에 다녀왔다. 평안감사 정휘량鄭翬良은 화완옹주의 시숙이었다. 세자가 온갖 접대를 받으며 원 없이 노는 동안 세자빈과 홍봉한은 노심초사 애를 태워야 했다.

사도세자의 엽기 행각은 홍봉한의 정적들에게 좋은 먹잇감이었다. 1762년 5월 경기감사 홍계희洪啓禧 등이 형조판서 윤급尹汲의 청지기 나경언羅景彦을 움직여 세자의 비행을 고변했다. 정순왕후의 친정도 홍봉한에게 등을 돌리고 고변에 깊이 개입했다. 은전군의 어미를 때려죽이고, 평양 등지로 밀행하는 등 10가지 죄목이 펼쳐지자 영조는 격노했다. 죄상이 공론화된 이상 세자는 무사할 수 없었다.

가슴을 치며 슬픔을 삭이다

세자빈 또한 알고 있었다. 그녀는 남편의 생모 영빈 이씨와 의논했다. 그 무렵 사도세자는 아버지를 죽이고 싶다는 극언까지 하며 밤에 경희궁으로 가는 수구水口를 들락거

　　　　　　　　　　　　　　　　잔인한 사랑

렸다. 변란을 의심할 수 있는 상황이었다. 세자의 운명은 바람 앞 촛불처럼 위태롭게 흔들렸다. 문제는 세손(정조)이었다. 더 늦기 전에 세손 이산李祘을 구하는 게 급선무였다. 영빈 이씨가 비장한 결심을 하고 임금을 만나러 갔다. 그날 오후 영조가 창덕궁으로 거둥했다.

"여러 신하도 신神의 말을 들었는가? (세상을 떠난) 정성왕후가 나에게 이르기를, '변란이 호흡 사이에 달려 있다'고 했다."[44]

정성왕후의 혼전魂殿(왕이나 왕비의 신위를 모시는 전각)에서 영조는 세자를 폐하고 뒤주에 가두었다. 세자빈과 세손은 홍봉한의 집에서 가슴을 치며 슬픔을 삭여야 했다. 폐세자는 한여름에 숨 막히는 뒤주에서 8일간 버티다가 28세의 나이로 생을 마감했다. 이는 종사宗社를 위한 영조의 결단이었다.

사도세자는 예정된 죽음을 피하지 못했다. 다만 역적으로 죽지는 않았기에 세손을 건질 수 있었다. 조선은 법도를 중시하는 나라다. 임금이 변란으로 규정하면 역적이다. 그러나 영조는 세상을 떠난 정성왕후의 말을 빌렸다. 뒤주에 가둬서 죽이는 형벌 또한 금시초문이었다. 조선의 법전에는 형벌과 죄목이 연동되어 있는데 이를 교묘히 피한 것이다. 죽이긴 했으되 역적죄도, 죽을죄도 성립하지 않도록 만들었다.

영조는 총명하고 효심이 지극한 세손을 수렁에서 건졌다.

구제 불능의 세자는 처분하되 세손에게 '역적 죄인의 자식'이라는 낙인이 찍히지 않도록 해서 왕통을 지켜냈다. 그해 8월 세자빈은 남편이 죽고 처음으로 영조를 만나 세손을 경희궁에 데려가 달라고 간청했다. 아들을 영조 곁에 두어 음해 세력에서 지켜주게 한 것이다.

1776년 세손 이산이 효장세자의 양자로서 왕위에 오르니 제22대 왕 정조다. 사도세자는 1899년 후손 고종에 의해 장조莊祖로 추존되었다. 남편의 죽음을 묵인하고, 자식을 품에서 놓아준 끝에 세자빈, 혜경궁 홍씨는 이들 부자가 국왕 반열에 올라서는 데 일조했다. 버림의 미학이요, 애틋한 모정이다.

잔인한 사랑

제 3 장

사랑의 슬픔

불귀신의 짝사랑

● 선덕여왕과 지귀 ●

품어서는 안 될 연심

여왕을 연모했다. 먼발치에서 행차를 한 번 보고 지귀志鬼는 혼자 사랑에 빠져버렸다. 활리역活里驛(신라의 지명)에서 말을 돌보는 미천한 자다. 감히 품어서는 안 될 어리석은 연심戀心이다. 주위 사람들이 비웃어도 아랑곳없다. 단아하고 아리따운 자태가 시도 때도 없이 떠올라 가슴을 꽉 메우는 것을 어쩌란 말인가? 주제넘지만 짝사랑은 죄가 없다.

하지만 존귀한 여왕이다. 보고 싶어도 마음대로 볼 수 없으니 상심이 깊어갔다. 시름에 겨워 밥도 제대로 못 먹고 나날이 야위었다. 이러다가 사람 죽겠다 싶었는지 인정 많은 관리가 궁에 연통을 넣었다. 불쌍해서 그리한 것이다. 물론 기대는 하지 않았다. 여왕이 미천한 역졸에게 은혜를 베풀 줄은 꿈에도 몰랐다.

"짐이 내일 영묘사에 가서 분향할 것이니 너는 그 절에서 짐을 기다려라."[1] 놀랍게도 지엄한 분의 전갈이었다. 짝사랑 사연을 들은 선덕여왕은 의외로 선선히 받아들였다. 나이 쉰이 넘어 즉위한 여자 임금이다. 연모하는 자가 있다니 민망한 일이다. 그래도 내 백성인데 살려야 하지 않겠는가?

여왕은 공주 시절 당숙 용춘龍春(음갈문왕)을 남편으로 맞았다. 성골 사내아이를 얻어 왕위를 잇게 하려는 아버지 진평왕의 뜻이었다. 그러나 끝내 자식을 보지 못하고 자신이 여성 최초로 성골만이 앉을 수 있는 보위에 오른 것이다. 선덕여왕은 생각했다. 백성이 곧 자식이다. 자식 한 명 구하지 못하면서 어떻게 만백성을 다스릴까?

지귀는 벅찬 감격에 뜬눈으로 밤을 지새웠다. 다음 날 동이 트자마자 그는 영묘사로 달려갔다. 막상 여왕의 용안을 뵙는다고 생각하니 가슴이 터질 것만 같고 손발이 부들부들 떨렸다. 한참 기다리는데 느닷없이 졸음이 밀려왔다. 간밤에 잠을 못 이룬 탓이었다. 눈꺼풀이 천근만근이었다. 시야가 가물가

불귀신의 짝사랑

물 흐려졌다. 안 되는데, 잠들면 안 되는데…….

영묘사에 당도한 선덕여왕은 탑 아래에서 곤히 잠든 지귀를 발견했다. 여왕이 분향을 마치고 나왔을 때도 역졸은 잠에서 헤어 나오지 못했다. '내 백성이 고단한가 보구나.' 선덕여왕은 물끄러미 쳐다보다가 팔찌를 빼 그의 가슴에 놓았다. 두 마리 용이 서로 몸을 휘감고 도는 양각 문양의 황금 팔찌였다. 미천한 백성에게는 어마어마한 선물이었다.

여왕, 앞일을 내다보다
🦋

여왕은 잠을 깨우지 않고 궁으로 돌아갔다. 지귀가 눈을 뜬 것은 행차가 속절없이 멀어진 뒤였다. 화들짝 몸을 일으키는데 가슴에서 황금 팔찌가 툭 굴러떨어졌다. 주변에는 아무도 없고 절 마당은 적막하기만 했다. 그는 멍하니 눈을 깜빡이며 팔찌를 들여다보았다. 한눈에 봐도 진귀한 보물이었다. 그제야 선덕여왕이 이미 다녀갔음을 깨달았다. 안 보면 죽을 것 같았던 여왕이다. 잠이 들어 만나볼 기회를 놓치다니 믿기지 않았다.

지귀는 팔찌를 끌어안고 흐느꼈다. 어우러진 한 쌍의 용이 가슴속으로 지글지글 타들어갔다. 불에 덴 것처럼 심장이 화끈거렸다. 마음속에서 천불이 났다. 후회와 자책이 타는 듯한 갈망에 불을 붙인 것이다. 이윽고 심화心火가 몸을 살랐다. 지귀의 생명이 꺼지고 불귀신이 모습을 드러냈다. 그가 탑을 잡고 일어서자 화염이 탑에 옮겨붙었다. 서라벌 거리로 나서자 화마가 집과 건물을 삼켰다. 세상에서 가장 뜨거운 불귀신의 사랑이었다.

지귀의 불같은 사랑 이야기는 15세기 성임成任이 지은『태평통재太平通載』와 16세기 권문해權文海의『대동운부군옥大東韻府群玉』 등에 실려 있다. 원전은 오늘날 전해지지 않는 신라 설화집『수이전殊異傳』이다. 사랑의 대상이 신라 제27대 선덕여왕이기에 흥미롭고 역사적으로 재해석해볼 가치가 있다.

평범한 백성이 어쩌다가 여왕에게 반했을까? 단지 미색이나 고귀한 신분 때문만은 아니었을 것이다. 선덕여왕에 대한 신라인들의 호감도 영향을 끼쳤을 것이다. 한국사 최초의 여왕은 앞일을 내다보는 '신령한 지혜'로 나라 사람들에게 깊은 인상을 심어주었다.『삼국유사』 기이편에 나오는 '선덕왕지기삼사善德王知幾三事'에 그 내막이 담겨 있다.

여왕이 미리 안 3가지 일 가운데 첫 번째는 모란 그림과 꽃씨에 관한 일화다. 당 태종 이세민이 선덕여왕에게 선물을 보

불귀신의 짝사랑

냈다. 홍색·자색·백색의 모란꽃 그림과 그 씨 석 되였다. 여왕은 그림 속에 탐스럽게 핀 꽃을 들여다보았다. 한 신하가 감상 소감을 청하자 왕이 알 듯 모를 듯한 말을 꺼냈다. "이 꽃은 향기가 없을 것이다."

선덕여왕은 꽃씨를 정원에 심으라고 명했다. 얼마 후 모란꽃이 피었는데 정말로 향기가 나지 않았다. 신하들이 놀라워하면서 왕에게 어떻게 아셨느냐고 물었다. 여왕이 미소를 지으며 대답했다. "꽃을 그렸는데 벌과 나비가 안 보이니 향기가 없을 것이라고 짐작했다. 이는 당나라 황제가 나에게 짝이 없음을 희롱한 것이다."

두 번째는 옥문지玉門池의 개구리 떼 일화다. 영묘사의 연못 옥문지에 겨울인데도 개구리 떼가 나타나 3~4일 동안 울었다. 괴이한 징조에 서라벌이 술렁거렸다. 이 소식을 듣고 선덕여왕이 장군 알천閼川과 필탄弼吞을 불러 명했다. "서쪽 교외로 나가면 여근곡女根谷이 있을 것이다. 그곳에 반드시 적병이 숨어 있을 테니 그대들이 가서 화를 제거하라."

두 장군은 각각 군사 1,000명을 거느리고 서쪽 교외로 출전했다. 현지 주민들에게 물으니 부산富山 아래에 과연 여근곡이 있었다. 수색에 들어가니 깊은 골짜기에서 적병 500명이 튀어나왔다. 서라벌을 급습할 목적으로 잠입한 백제군 선발대였다. 신라군은 그들을 모두 죽이고 여근곡에 매복했다. 백제군 본대 1,200명이 들어오다가 매복에 걸려 궤멸되었다. 알천과 필탄은 서라벌 남산으로 정찰 나간 적장 우소于召도 찾아서 죽였다.

나라 사람들은 기뻐하면서도 어떻게 알았는지 궁금해했다. 여왕에게 영감을 준 것은 옥문지와 여근곡이었다. 옥문玉門과 여근女根은 둘 다 여인의 국부를 가리키는 말이다. 옥문지에 괴이한 징조가 나타나자 선덕여왕은 서쪽 교외의 여근곡을 떠올렸다. 음양오행에 여인은 음이고, 음은 흰색이고, 흰색은 서쪽이라 했기 때문이다. 개구리가 우는 모습은 성난 병사의 형상과 닮았다. 이에 적병이 여근곡에 숨어 있다는 사실을 알았다는 것이다. 신하와 백성들은 탄복했다. 묘하지만 여왕이기에 설득력 있는 해석이었다.

세 번째는 도리천忉利天에 묻히게 된 일화다. 선덕여왕이 어느 날 신하들에게 말했다. "짐은 모년 모월 모일에 죽을 것인즉, 나를 도리천에 장사지내도록 하라." 여왕이 죽음을 예견하자 신하들은 깜짝 놀랐다. 게다가 도리천은 불경에 나오는 천상계다. 대체 어디에 묻으라는 말인가? 신하들이 의아해하자 여왕은 위치를 알려주었다. 낭산狼山 남쪽이었다.

선덕여왕은 647년 1월 8일 세상을 떠났다. 생전에 꼽은 그날이었다. 신하들은 여왕을 낭산의 양지바른 곳에 장사지냈다. 사람이 죽으면 기억도 흩어져간다. 도리천에 관한 궁금증도 여왕과 함께 묻혔다. 세월이 흘러 문무왕이 낭산 기슭에 사천왕사를 창건했다. 선덕여왕의 무덤 아래였다. 불경에 따르면 사천왕천四天王天 위에 도리천이 있다. 나라 사람들은 여왕의 능이 마침내 도리천이 되었다며 그 신령한 지혜를 거룩하게 여겼다.

『삼국유사』의 '선덕왕지기삼사'는 일연一然 선사가 왕실 서고 자료와 각지의 옛이야기를 참고해 쓴 것이다. 정사『삼국사기』에도 모란 그림과 꽃씨, 옥문지의 개구리 떼 일화가 나온다. 여왕에게 '앞을 내다보는 식견'이 있었다는 것을 사관들도 인정하고 기록으로 남겼다. 그것이 여성 최초로 보위에 오르는 데 밑거름이 되었음은 물론이다.

성스러운 혈통의 할머니 임금

하지만 자질만으로는 나라 사람들을 온전히 이해시키기 어려웠다. 선덕여왕이 즉위하게 된 직접적인 원인은 성골 왕실에 남자가 없었기 때문이다. 법흥왕 이후 형성된 성골은 국왕의 직계 가족과 가까운 친척으로 이루어져 있었다. 왕이 바뀌면 성골도 새 임금을 중심으로 재편되었다. 먼 친척인 진골은 성골의 왕위 독점을 못마땅해했다. 성골 왕실에 남자가 없다면 진골이 왕위를 이어야지 무슨 여자 임금이냐고 으르렁댔다.

그럼에도 진평왕이 공주를 후계자로 정하자 반발이 컸다. 즉위 전해(631년)에 이찬 칠숙柒宿과 아찬 석품石品 등의 반란이 일어났다. 진골 일부가 성골 왕실에 반기를 든 것이다. 전통적인 남성 지배층은 여왕 등극을 선선히 받아들이지 못했다. 백성에게도 여자 임금은 낯설고 불안했다. 안 그래도 백제와 고구려의 침공이 잦아지고 있었다. 나라 사람들은 선덕여왕의 즉위를 의혹의 눈길로 바라보았다.

한국사 최초의 여왕은 난제를 안고 첫걸음을 내디뎠다. 자신에 대한 반감을 충성으로, 불신을 확신으로 바꿔놓아야 했다. 여왕을 '성조황고聖祖皇姑'라고 칭한 것은 그녀가 어떤 전략을 세웠는지 엿볼 수 있는 대목이다. 풀이하면 '성스러운 혈통의 할머니 임금'이라는 뜻이다. 성골임을 내세우는 동시에 연장자의 덕목을 기대할 수 있는 왕호다.

선덕여왕은 50세를 넘어 지긋한 나이에 임금이 되었다. 아버지 진평왕이 무려 53년이나 나라를 다스렸기 때문이다. 당

불귀신의 짝사랑

시로서는 할머니 나이였다. 성스러운 할머니답게 신령한 면모를 널리 알린다면 민심을 얻는 데 큰 도움이 되었을 것이다. '선덕왕지기삼사'는 이런 용도로 쓰였다. 그것은 여왕이 보여준 지혜를 신령하게 포장하고 각색한 이야기였다.

모란 그림과 꽃씨 일화는 왕위에 오르면서 유포한 즉위담이었다. 『삼국사기』는 공주 시절에 당나라에서 가져온 그림과 꽃씨를 보고 진평왕에게 식견을 드러내는 것으로 묘사했다. '선덕왕지기삼사'에서는 당 태종을 등장시켜 여왕의 지혜와 당당한 처신을 도드라지게 했다. 보위에 앉을 만한 여자 임금임을 극적으로 밝힌 것이다.

옥문지의 개구리 떼 일화는 『삼국사기』에 따르면 636년의 일이다. 이 해에 여왕의 병이 위중해 의술과 기도가 효험이 없을 정도였는데, 엎친 데 덮친 격으로 백제군이 신라 독산성을 습격하려고 했다. 선덕여왕은 장군 알천과 필탄을 보내 적을 격파하는 한편 국가적 위기에 불안해하는 민심을 이야기로 달랬다. 이 일화는 당시 유행한 음양오행 사상을 덧입혀 여왕의 신령한 지혜를 한층 부각시킨 것이다.

도리천 일화는 사후에 여왕을 신격화하는 데 쓰였다. 선덕여왕은 647년 1월 내전의 소용돌이에 휘말려 세상을 떠났다. 상대등 비담 등이 여왕이 나라를 잘 다스리지 못한다며 반란을 일으킨 것이다. 내전은 김유신·김춘추 등 근왕 세력의 승리로 끝났지만, 여왕은 불미스러운 죽음을 맞아야 했다. 삼국 통일을 완수한 문무왕은 낭산 기슭에 사천왕사를 창건하고 이 일화를 유포해 선덕여왕을 도리천에 묻힌 신으로 격상시켰다. 여왕을 신격화함으로써 나라 사람들을 화합시키고 신국神國의 위엄을 드높인 것이다.

"임금님 귀는 당나귀 귀"

　　　　　이야기를 만들고 전파하려면 소식통이 있어야 한다. 삼국시대 이래 불교 세력이 그 역할을 수행했다. 사실 왕이나 귀족들은 백성들을 직접 만나는 일이 별로 없었다. 반면 설법과 포교를 하는 승려들은 상류층뿐만 아니라 하층민과도 두루 교류했다. 게다가 나라 구석구석 안 가는 데가 없었다. 신분과 지역을 아우르는 유력한 소식통이었다.

　부처님 말씀만 설파하는 게 아니었다. 백성들은 나랏일이나 세상사가 궁금했고 불제자들은 그것을 알기 쉽게 이야기로 전했다. 신령하게 포장하고 각색해 귀에 쏙쏙 들어가게 했다. 일연 선사의 『삼국유사』가 흥미 만점의 이야기보따리인 이유도 여기에 있다. 수많은 이야기가 불가에서 흘러나와 불가로 들어갔기 때문이다.

신라 불교는 법흥왕 때 공인(527년)된 후 한동안 성골 왕실의 정신적 지주 노릇을 했다. 국왕 일가를 석가 일족으로 미화시키고 백성들의 추앙을 받는 존재로 떠받든 것도 승려들의 힘이었다. 진덕여왕을 끝으로 성골이 사라지자 불교 세력은 정치적 이해관계에 따라 임금과 대립하기도 했다. 신라 제48대 경문왕景文王은 그래서 고충이 많았던 것 같다. '임금님 귀는 당나귀 귀' 이야기를 귀 기울여 들어보면 알 수 있다.

경문왕은 보위에 앉자 갑자기 귀가 길어져서 당나귀의 귀처럼 되었다. 왕비와 궁인들은 모두 이 사실을 몰랐지만, 모자 장인匠人만은 모를 수가 없었다. 그는 평생 국왕의 비밀을 다른 사람에게 발설하지 않았는데, 죽을 때가 되자 입이 간지러워 참기가 힘들었다.

장인은 혼자 도림사 대나무숲에 들어가 목청껏 외쳤다. "우리 임금님 귀는 당나귀 귀다!" 그 뒤 바람이 불기만 하면 대나무숲에서 이런 소리가 났다. "임금님 귀는 당나귀 귀……." 경문왕이 싫어해 숲의 대나무를 몽땅 베어버리고 산수유를 심었다. 바람이 불면 또 소리가 났는데 "임금님 귀는 길다"라고만 했다.[2]

『삼국유사』는 역사의 비밀을 간직한 은유와 상징의 보고寶
庫다. 암호를 해독하듯 이야기를 풀어나가는 재미가 있다. 경
문왕의 본명은 응렴膺廉이다. 이름처럼 청렴하다 하여 헌안왕
憲安王의 사위가 되었고 머지않아 왕위를 물려받았다. 부패한
진골 귀족들은 새 임금을 무시하고 틈만 나면 제거하려고 했
다. 왕을 깎아내리는 이야기가 도처에 난무했다.

'임금님 귀는 당나귀 귀'도 그중 하나였다. 그 시절 나귀는
비웃음의 대상이었다. 당송팔대가의 한 사람인 유종원柳宗元
은 '검지려黔之驢'라는 우화에서 나귀가 뒷발질만 하다가 호
랑이에게 잡아먹힌 것을 꼬집었다. 겉보기에는 그럴싸하지만
알고 보면 보잘것없는 재주를 풍자한 것이다. '당나귀 귀'는
아둔하고 재주 없는 사람을 비꼬는 표현이라고 볼 수 있었다.
임금으로서는 참기 힘든 조롱이었다.

문제는 이야기의 발원지가 도림사 대나무숲이었다는 것이
다. 이 숲은 입도림入都林이라 하여 서라벌을 출입하는 길목에
있었다. 이야기를 전국에 퍼뜨릴 수 있는 입지였다. 도림사의
승려들은 신라 전역에 영향력을 행사하던 소식통이었다. '임
금님 귀는 당나귀 귀' 이야기는 걷잡을 수 없이 번져나갔다.

국왕의 권위가 떨어지자 경문왕은 반격에 나섰다. 숲의 대
나무를 베어버리고 산수유를 심은 것이다. 대나무는 꼿꼿해

쓴소리를 마다하지 않는 비판 세력을 일컫는다. 반면 산수유는 사악한 기운을 막으니 근왕 세력을 뜻한다. 경문왕은 도림사의 소식통을 적대 세력에서 우호 세력으로 바꾸고 백성들에게 '청렴한 귀인'으로 다가갔다. 정적들의 모반을 여러 차례 진압하고 마침내 나라를 안정시켰다.

선덕여왕 또한 신라의 소식통인 불교 세력에 공을 많이 들였다. 영묘사와 분황사를 창건하고 황룡사에 백고좌百高座(사자좌 100개를 만들어 고승 100명을 모시고 설법하는 큰 법회)를 열어 『인왕경仁王經』을 강론하게 했다. 『인왕경』은 왕권을 사상적으로 뒷받침하는 호국불교 경전이다.

승려 100명에게 도첩度牒을 내려 나라에서 신분을 보장해 준 것도 빼놓을 수 없다. 또 당나라에서 유학하고 돌아온 자장慈藏 법사를 대국통大國統으로 삼고, 국가적 위기를 극복하기 위해 황룡사 9층 목탑을 건립했다.

불교 세력은 기꺼이 선덕여왕의 정치적 버팀목이 되어주었다. 승려들은 여왕의 지혜를 신령하게 포장하고 각색해 널리 전파하는 데 앞장섰다. '선덕왕지기삼사'는 불교 소식통을 타고 신라 전역으로 퍼져나갔다.

불귀신을 푸른 바다 밖으로 내치다

🦋

선덕여왕을 짝사랑한 지귀 이야기에도 불제자들의 입김이 서려 있다. 그 원형으로 보이는 닮은꼴 이야기가 불교 주석서에 나온다. 인도 고승 용수龍樹의 『대지도론大智度論』에 실려 있는 '술파가 설화'다.

어부 술파가는 왕녀의 미모에 반해 식음을 전폐하다가 병이 나고 말았다. 술파가의 어머니는 왕녀에게 고기와 생선을 바치며 아들을 살려달라고 간절히 청했다. 왕녀는 천사天祠에서 만나주기로 했고 술파가는 기뻐하며 천신의 동상 뒤에서 기다렸다. 하지만 천신은 이 만남을 용납할 수 없어 술파가를 깊은 잠에 빠지게 했다. 왕녀는 술파가를 깨워도 일어나지 않자 목걸이를 벗어 가슴에 놓고 돌아갔다. 뒤늦게 일어난 술파가는 목걸이를 부여잡고 울부짖다가 몸 안에서 음욕의 불길이 타올라 죽음을 맞았다.

술파가 설화의 목적은 종교적으로 음욕淫慾을 경계하는 데 있다. 반면 지귀 이야기는 '백성에게 사랑받는 여왕'을 세속적으로 형상화하려는 의도가 엿보인다. 그 정치색은 선덕여왕의 권능을 강화하는 것으로 귀결될 수밖에 없다. 이야기가 막바지로 치달으며 여왕은 통치자로서 주술을 행하고 민간신앙의 대상으로 자리매김한다.

불귀신이 된 지귀가 거리를 활보하자 서라벌 곳곳에 화재가 일어났다. 신하들이 헐레벌떡 달려와 재변災變을 고하자 선덕여왕은 술사를 불러 주문을 짓도록 했다. "지귀의 마음에서 타오른 불길이 / 몸을 사르더니 불귀신이 되었네. / 푸른 바다 밖으로 내쳐 / 만나지 않고 어울리지 않으리라."[3]

나라 사람들은 이 주문을 문과 벽에 붙여 화재를 막았다. 여왕의 주술은 힘이 세다. 태고부터 이어져 내려온 여주술사, 곧 무녀의 역사가 응축되어 있기 때문이다. 무녀왕의 면모는 그녀의 왕호 '성조황고', 즉 성스러운 혈통의 할머니 임금과도 제법 잘 어울린다. 선덕여왕과 신라 불교는 그렇게 민간신앙과 한 몸이 되었다.

여왕의 주문에 푸른 바다 밖으로 내쳐진 지귀는 가엾다. 여왕과 만날 수도, 어울릴 수도 없는 불귀신이 되었다. 그가 불꽃으로 화한 영묘사는 두두리 무리가 하룻밤 사이에 지었다는 전설을 갖고 있다.[4] 두두리는 도깨비의 원형이다. 지귀 또한 도깨비 같은 남자다. 불귀신은 비 내리는 적막한 밤에 이름 모를 산천을 떠도는 도깨비불이다. 제 몸을 다 불사르고도 추적추적 타오르는 짝사랑의 정념……. 그 영혼이 안타까웠을까? 여왕은 시인의 말을 빌려 뒤늦은 마음을 전한다.

그래도 그 어지러운 불이 다 스러지지 않거든

다스리는 노래는 바다 넘어서 하늘 끝까지

하지만 사랑이거든

그것이 참말로 사랑이거든

서라벌 천년의 지혜가 가꾼 국법보다도 국법의 불보다도

늘 항상 더 타고 있거라.[5]

사랑의 보상
● 이성계와 신덕왕후 ●

어린 신부를 경처로 맞이하다

"태조 대왕이 함흥에서 개경으로 왕래할 적에, 이
시내에 이르러 갈증이 심해졌는데 그때 신덕왕후가 마침 시
냇가에서 물을 긷고 있었습니다. 태조가 물을 찾으니 신덕왕
후는 버들잎을 띄워 드렸습니다. 급히 마시면 속이 상할까봐
걱정되어 그랬다는 것입니다. 태조는 그 말을 기특하게 여겨
마침내 혼례를 올렸습니다."[6]

1799년 황해도 곡산 부사 정약용丁若鏞이 임지에서 돌아
와 정조 임금에게 계啓를 올렸다. 관내에 '궁허宮墟'라는 곳이

있는데, 여기 있는 돌기둥을 노인들이 '신덕왕후 본궁'이라고 부른다는 것이다. 그 앞의 시내에 설화가 전해진다. 신덕왕후 강씨가 시냇물에 버들잎을 띄워 태조 이성계에게 드렸다는 이야기다. 야사에 따르면 고려 태조 왕건과 장화왕후 오씨 사이에도 버들잎 띄운 물이 오갔다. 건국기에 창업자가 배필을 맞는 상징적인 설화다.

정약용은 돌기둥이 궁에서 쓰는 석재이고, 설화도 깊은 내력을 갖고 있으니, 그곳이 신덕왕후 본궁(집)일 가능성이 높다고 보았다. 그는 돌기둥 옆에 비석을 세우고 비각을 설치해 초대 왕비를 기리자고 주청했다. 마침 신덕왕후의 기일을 앞두고 정조 임금은 아련한 감회에 젖어 이를 수락했다.

태조 이성계와 신덕왕후 강씨는 어떻게 만났을까? 정말로 길 가다가 물 얻어먹고 한눈에 반했을까? 사실 두 집안은 예전부터 밀접한 관계를 맺고 있었다. 신덕왕후의 부친 강윤성康允成과 숙부 강윤충康允忠은 원나라 간섭기에 판삼사사判三司事(종1품), 찬성사贊成事(정2품) 등 요직을 지내며 부귀영화를 누렸다. 또 다른 숙부 강윤휘康允暉의 아들 강우康祐는 이성계의 백부 이자흥李子興의 사위가 되었다. 이성계 집안은 쌍성지역의 원나라 천호 벼슬을 세습해왔다. 어찌 보면 친원親元세력의 혼인동맹이었다.

1356년 공민왕이 원나라를 버리고 쌍성총관부를 칠 때 두 집안의 운명은 엇갈렸다. 이자춘李子春·이성계 부자는 고려에 충성을 맹세하고 쌍성 지역 수복에 결정적인 공을 세웠다. 반면 강윤성·강윤충 형제는 역모 사건에 연루되어 1358~1359년에 잇달아 목숨을 잃었다. 하지만 권문세족이 하루아침에 무너지지는 않는다. 신덕왕후의 오빠 강순룡康舜龍이 원나라에서 벼슬하다가 돌아와 집안을 추슬렀다.

이성계는 1360년대 원명 교체기에 북방에서 침입한 홍건적, 원나라 군벌, 여진족 등과 싸워 이겼다. 변방의 무장이었던 그는 1370년대 들어 왜구 토벌전에 본격 투입되면서 개경에 진출했다. 왜적이 강화도까지 들어와 호시탐탐 수도를 노리자 동북면의 호랑이가 차출된 것이다. 이성계가 본거지 함주咸州(함흥)에서 개경을 드나들려면 황해도 동북쪽에 자리한 곡산을 거치는 게 지름길이다. 중도에 사돈지간인 강씨 집에서 묵어가는 게 자연스럽다.

이성계는 일찍이 안변 토호 한경韓卿의 딸과 혼인해 슬하에 6남 2녀를 두었다. 아내 한씨는 10대의 나이로 시골 장수 집안에 시집와서 동북면의 척박한 삶을 묵묵히 감내해온 조강지처였다. 하지만 남편에게 새 아내가 생기면서 한씨는 졸지에 찬밥 신세가 되고 말았다. 고려 말 지방 세력가들은 중앙 관직을 받고 개경에 갔다 하면 현지처를 얻었다. 첩이 아니라 처였다. 아내를 두고 또 아내를 얻은 것이다. 이른바 '경처京妻'였다. 이성계는 강윤성의 딸을 경처로 들였고 두 집안은 겹사돈을 맺었다.

이성계를 후원한 권문세족 상속녀

북방을 평정하고 왜구 토벌전에 뛰어들 무렵 (1371~1372년) 이성계는 30대 중후반의 혈기 왕성한 나이였다. 나라에 공을 세우고 중앙 무대에서 성공하겠다는 야심이 꿈틀거렸다. 문제는 연줄이었다. 전쟁 실력이야 차고 넘쳤다. 하지만 조정에서 변방의 무장이 빛을 보려면 누군가 끌어주고 밀어주어야 했다. 개경 현지처, 즉 경처는 바로 그 연줄을 제공해주었다.

이성계는 곡산 강씨를 새 아내로 맞이하며 중앙 정계에 출세의 발판을 마련했다. 꼭 개경에 살지 않더라도, 개경에 영향력이 있으면 경처다. 문벌 귀족 사회, 무신 정권, 원나라 간섭기를 거치며 고려 수도 개경을 중심으로 이른바 '권문세족'이 형성되었다. 그들은 끼리끼리 혼맥을 형성하고 뒤를 봐주면서 권세를 키워나갔다. 재상가 강씨 집안은 그들만의 세상에 진입하는 데 필요한 동아줄이었다.

경처 강씨는 나이 차이가 스무 살이 넘는 어린 신부였다. 이성계는 강씨를 곁에 두고 개경에 드나들며 장안의 유력자들과 친분을 쌓았다. 그런데 강씨를 경처로 들인 데는 더 현실적인 이유가 있었다. 국가재정 붕괴로 군비의 일부를 장수가 떠안았기 때문이다.

"근년에는 (토지를) 겸병兼併하는 일이 더욱 심해져서 간악하고 흉한 도당들이 주州에 걸치고 군郡을 포괄해 산과 내를 경계로 삼고서 모두 조상에게서 물려받은 땅이라고 합니다. 서로 훔치고 서로 빼앗아 1묘畝의 주인이 5~6명이 되고, 1년에 도조賭租 받는 회수가 8~9차에 이릅니다. 호소할 곳 없는 불쌍한 백성들은 사방으로 뿔뿔이 흩어져 개천과 구덩이에 빠져 죽을 뿐입니다."[7]

1388년 대사헌 조준趙浚이 사전私田 개혁을 청하면서 올린 상소다. 권세가들이 토지와 농민을 침탈하는 바람에 세금 낼 자영농이 무너졌다. 사실 이 문제는 오랫동안 누적된 폐단이었다. 엎친 데 덮친 격으로 1350년대부터 왜구들이 기승을 부리면서 세곡과 공물을 싣고 개경으로 향하는 조운선漕運船과 그 집하장인 조창漕倉이 자주 약탈당했다. 국고는 바닥을 드

러냈고 군량과 재원이 고갈되었으며 고려군의 전력도 부실해
졌다.

특히 1370년대 공민왕 말년과 우왕 초년에 왜적이 매년
10차례 이상 팔도 전역을 유린했는데, 고려 정규군은 패하거
나 도망치기 일쑤였다. 이때 이성계·변안열邊安烈 등 신흥 무
인 세력이 왜구 토벌에 나섰다. 그들은 군비의 일부를 스스로
마련해 군사를 뽑고 훈련시키고 전투에 투입했다. 정규군 외
에 직속 부대를 거느린 것이다. 이 군사들은 공식적으로 나라
에 속했지만 실제로는 장수에게 충성하는 사병이나 마찬가지
였다.

이성계는 원래 함주에 2,000여 명의 가병家兵 집단을 두고
있었다. 그 시초는 고조부 이안사李安社가 기생을 놓고 산성별
감과 다투다가 전주에서 도망칠 때 따라나선 백성들이었다.
증조부 이행리李行里가 두만강 너머 알동斡東(러시아)에서 덕원
德源(원산)을 거쳐 함주로 거점을 옮기는 와중에도 그들은 생
사고락을 함께했다. 그 후로도 조부 이춘李椿, 부친 이자춘, 이
성계를 따르며 이씨 집안과의 인연을 이어갔다.

하지만 전국 규모의 왜구 토벌전에서 공을 세우려면 병력
확충이 절실했다. 가병 중 상당수는 본거지 함주를 지켜야 했
으므로 이성계는 직속 부대를 추가로 편성하지 않으면 안 되

었다. 군사를 대대적으로 징발하고 육성하려면 엄청난 비용이 든다. 6남 2녀를 건사한 조강지처를 두고 권문세족 출신 아내를 얻은 데는 군비 후원을 받으려는 속셈도 있었을 것이다. 강씨는 이성계에게 꼭 맞는 정략결혼 상대였다.

강씨는 어려서 아버지를 잃었지만 막대한 재산을 물려받은 상속녀였다. 고려시대에는 딸도 아들과 똑같이 상속받을 권리가 있었다. 아버지 강윤성은 원나라 간섭기에 고위직을 연달아 지냈고 숙부 강윤충은 섭정 덕녕공주의 총애까지 받았다. 이 시기에 가문을 크게 일으켰다고 하니 재산이 어마어마했을 것이다.

권문세족 상속녀와 결혼한 덕분인지 이성계는 왜구 토벌전에서 맹활약하며 장수로서 날개를 달았다. 1372년 그는 화령 부윤에 이어 원수로 임명되었다. 1377년에는 지리산에서 왜적과 만나 말 타고 절벽을 오르는 무용담을 남겼고, 이듬해에는 해풍海豐(개풍)에서 최영崔瑩 군단을 구원해 우왕과 수도 개경을 지켜냈다.

1380년 황산대첩은 이성계를 구국의 영웅으로 만든 역사적인 전투였다. 그해 8월 진포鎭浦(금강 하구)에 왜선 500여 척이 나타났다. 최대 2만 명의 왜구들이 양광도·전라도·경상도를 휩쓸며 무고한 백성들을 잔인하게 살육하고 재물과 문화유산을 닥치는 대로 약탈했다. 우왕은 이성계를 양광·전라·경상 삼도순찰사로 삼아 왜구 토벌의 특명을 내렸다.

이성계 부대는 황산荒山(남원)에서 진흙탕 백병전을 치르고 절벽을 기어오르며 왜구들과 치열하게 싸웠다. 적장 아지발도의 무위도 눈부셨는데, 이성계가 활을 쏴 그의 투구를 벗기고 이지란李之蘭이 안면에 화살을 적중시키는 환상의 무용담을 빚어내며 이겼다. 두목 잃은 왜구들은 고려군의 포위전에 몰살당했고 불과 수십 명만 살아 돌아갔다.[8] 황산대첩 이후 왜구의 활동은 잦아들었다. 수십 년간 나라를 위협하고 백성들을 못살게 군 징글징글한 적이 이성계 덕분에 수그러든 것이다.

이방원과 함께 역성혁명을 돕다

🦋

이성계가 구국의 영웅으로 떠오르자 신진사대부 세력이 주목했다. 그는 개혁의 간판이자 방패로 손색이 없었다. 정치가로 거듭난 남편 곁에서 경처 강씨는 숱한 고비를 넘겼다. 이성계의 최대 후원자를 정적들도 가만두지 않았다. 1388년 위화군회군 때는 포천 철현鐵峴에서 대농장을 경영

하다가 최영에게 인질로 붙잡힐까봐 동북면으로 피신하기도
했다.

강씨는 지혜로운 여성이었다. 태조에게 물을 떠주며 버들
잎을 띄웠다는 설화를 살펴보자. 갈증 난다고 급히 마시다가
배탈이 날까봐 그랬다는 것이다. 설화는 상징적으로 강씨의
자질과 역할을 드러낸다. 조선 건국 과정에서 그녀는 이성계
가 탈 나지 않도록 지혜로운 조언으로 보필했다. 역성혁명의
주요 고비마다 이성계가 결단을 내릴 수 있게 도왔다.

1392년은 긴박했다. 여기저기서 목자득국木子得國 노래가
스멀스멀 흘러나왔다. 목자木子, 이李씨가 왕이 된다는 참요였
다. 정몽주鄭夢周는 고려의 사직을 지키기 위해 이성계 일파를
탄핵했다. 이때 이성계에게 사고가 생겼다. 해주에서 사냥하
다가 말이 넘어지는 바람에 다친 것이다. 교자轎子를 타고 돌
아오는 길이었지만 몸을 다쳐 귀경이 더뎠다.

정몽주는 발 빠르게 움직였다. 조준·정도전鄭道傳 등 역성
혁명파를 귀양 보내고 현지에서 국문해 죽이려고 한 것이다.
강씨는 사위 이제李濟를 이성계의 다섯째 아들 방원에게 보냈
다. 이방원李芳遠은 전해에 죽은 생모 한씨의 무덤 옆에서 여
막살이를 하고 있었다. 강씨의 조언을 받은 방원은 아버지에
게 달려갔다. 이성계는 벽란도에서 하룻밤 묵고 이튿날 개경

에 들어가려고 했는데, 이방원은 사태의 위중함을 알리고 그 길로 부축해 집에 갔다.[9]

이성계는 곧 궁궐에 사람들을 보내 자신의 보좌진을 변론하게 했다. 공양왕은 들어주지 않았다. 대간들은 오히려 조준·정도전 등을 목 베라고 간했다. 공양왕과 대간들 모두 정몽주와 교감하고 있었다. 이방원은 이제 등과 의논한 끝에 휘하의 장사들을 보내 정몽주를 참살했다. 이제가 누구의 사위인가? 암살 계획의 배후에는 강씨가 있었다.

당황한 이성계는 아들더러 불효했다고 야단쳤다. 곁에 있던 강씨가 노기를 띠고 남편을 나무랐다. "공은 대장군을 자처하시면서 어찌 이렇게 놀라고 두려워하십니까?"[10] 이미 엎질러진 물이니 강단 있게 밀어붙이라는 것이다.

결국 부상당한 이성계를 한시바삐 개경에 데려오고, 고려의 버팀목 정몽주를 과감하게 제거한 것이 조선 건국의 결정적 승부수였다. 아니면 그들은 역사에 역적으로 남았을지도 모른다. 이성계가 반역이냐 창업이냐, 갈림길에 서 있다는 것을 강씨와 이방원이 꿰뚫어보고 힘을 모은 덕분에 역사의 고비를 넘긴 것이다. 그러나 얼마 후 새 나라가 들어서자 두 사람은 등을 돌리고 반목한다.

집안을 일으켜 나라를 세우다

🦋

1392년 7월, 왕위에 오른 이성계는 곧바로 누구를 세자로 삼을지 신하들과 의논했다. 배극렴裵克廉, 조준, 정도전 등은 아들들 가운데 나이와 공로를 살펴서 정할 것을 권했다. 많은 신하가 건국에 공이 큰 이방원을 염두에 두고 있었다. 그런데 태조는 강씨의 맏이 방번을 세자로 삼고 싶다는 뜻을 밝혔다. 그동안 그녀가 후원하고 보필한 공을 어여삐 여기고 보상하려는 것이었다. 태조의 의중을 헤아린 신하들은 그렇다면 성격이 경솔한 이방번李芳蕃보다 차라리 막내 방석이 낫겠다고 했다. 결국 강씨 소생인 이방석李芳碩이 10세의 어린 나이로 세자에 책봉되었다.

태조가 얼마나 강씨를 존중했는지 알 수 있는 대목이다. 강씨는 개국과 함께 현비顯妃로 봉해졌다. 조선 최초의 왕비였다. 태조의 총애와 신임이 두터웠기에 현비 강씨의 영향력은 상당히 컸다. 세자 책봉에도 깊이 관여한 것으로 알려져 있다. 야사에 따르면 신하들이 적장자와 공로가 큰 자식을 거론하자 그녀가 바깥에서 울음소리를 내 공론을 바꾸었다고 한다.[11]

강씨는 책사 정도전과 손잡았다. 그는 재상 중심의 정치를 꿈꾸었다. 임금은 상징적 존재에 머물러야 한다고 보았다. 왕권을 강화하려는 이방원은 경계했다. 어린 이방석을 가르치고 길들이는 편이 나았다. 정도전은 세자의 스승이 되어 야심가 이방원을 핍박했다. 이방원은 분노했지만 뾰족한 수가 없었다. 그가 할 일은 인내심을 갖고 세월을 낚는 것뿐이었다. 기회는 예상보다 빨리 왔다.

1396년 8월, 현비 강씨가 세상을 떠났다. 태조 이성계는 경복궁 지척(서울 정동)에 능을 조성하고 존호는 신덕神德, 능호는 정릉貞陵이라고 했다. 또 근방에 흥천사를 창건해 수호 사찰로 삼았다. 태조는 흥천사 종소리를 들으며 신덕왕후의 명복을 빈 후에야 수라를 들었다고 한다.

"내가 잠저潛邸에 있을 당시 집안을 일으켜 나라를 세우는 데 신덕왕후의 내조가 실로 많았고, 모든 정사에 임할 때도 또한 충고해 돕기를 부지런히 했는데, 갑자기 세상을 떠나 바로잡아주는 말을 듣지 못하게 되니, 어진 보좌를 잃은 것 같아 내가 매우 슬프도다."[12]

태조 이성계는 권근權近을 불러 아내를 이렇게 회고했다. 몇 줄뿐이지만 이 곡진한 말들 속에 신덕왕후의 존재감이 압축적으로 담겨 있다. 이성계에게 강씨는 사랑하는 아내였을 뿐만 아니라 '화가위국化家爲國', 집안을 일으켜 나라를 세우는 데 크게 공헌한 어진 보좌역이었다.

그러나 극진하고 사무치는 창업자의 사랑은 머지않아 산산조각 나고 말았다. 1398년 이방원이 왕자의 난을 일으킨 것이다. 이 정변은 정도전·남은 등 중신들을 처단하고 정권을 장악하는 데 그치지 않았다. 이방원은 신덕왕후의 아들 방석과 방번, 사위 이제를 살해했다. 왕비의 오빠 강순룡 일족도 참화를 당했다. 세자 책봉에 대한 이방원의 원망이 처절하게 배어 있는 장면들이다. 그의 칼은 명계冥界의 신덕왕후 강씨를 겨누고 있었다.

상심에 빠진 이성계는 왕위를 넘기고 명산대찰을 찾아 죽은 강씨와 자식들의 넋을 기렸다. 1402년 11월 안변 부사 조사의趙思義가 친족 신덕왕후의 원수를 갚겠다며 난을 일으켰다. 이성계는 양주 회암사에서 안변 석왕사로 넘어가 사실상 반군을 거들었다. 이방원은 연거푸 함흥차사를 보내 아버지의 노기를 달래야 했다.

그해 12월 이방원은 친정親征에 나서 반군을 격파하고 창업자를 모셔왔다. 이성계는 궁궐로 돌아가 1408년 여생을 마쳤다. 함흥에 묻어달라는 유언을 남겼지만 이방원은 들어주지 않았다. 조사의의 난 같은 불상사를 우려한 것이다. 태조의 능은 경기도 구리에 마련되었고(건원릉), 함흥에서 가져온 흙이 덮였다.

원통함을 씻어주다

🦋

　　이성계의 죽음은 곧 신덕왕후에 대한 격하로 이어졌다. 1409년 이방원은 도성 안에 정릉을 둘 수 없다며 사을한沙乙閑(서울 정릉동)으로 옮겨버렸다. 정릉의 정자각은 헐어서 딴 건물을 지었고, 봉분은 평평하게 밀었으며, 석인石人은 땅에 파묻었고, 받침돌은 청계천 광통교를 놓는 데 썼다.

　　이방원의 신덕왕후 지우기는 집요하고 지독했다. 종묘에 신주를 봉안하지 않고 후궁의 예로 제사 지내게 했다. 처와 첩, 적자와 서자의 구별을 엄하게 하고 첩의 자식은 과거시험을 못 보게 한 것(서얼금고법)도 신덕왕후를 깎아내리다가 튄 불똥이었다.

　　신덕왕후 강씨가 복권되기까지는 무려 260년이 걸렸다. 1669년 서인 영수 송시열은 신덕왕후에 대한 사후 조치가 부당하다며 종묘 부묘祔廟를 청하는 상소를 올렸다. 태조가 즉위할 때 중전의 자리에 앉은 정당한 왕비인데 신하들이 예를 잘못 의논했다는 것이다. 예송논쟁을 주도한 송시열은 왕가王家라도 주자학적 의리와 명분에 어긋난 일은 비판했다. 조선 건국에 공이 크고 태조가 사랑한 왕비를 언제까지고 황폐하게 방치할 수는 없는 노릇이었다.

그해 10월 1일 신덕왕후의 신주가 비로소 종묘 태조실에 들어갔다. 조선 최초 왕비의 귀환이었다. 능을 봉하고 제사를 지내던 날 소낙비가 쏟아져 정릉 골짜기에 가득 찼다. 오래 참은 눈물이 터진 것 같은 폭우였다. 백성들은 이 비를 '세원우洗冤雨', 원통함을 씻어주는 비라고 했다.[13]

전쟁 같은 사랑
● 이방원과 원경왕후 ●

나라를 안정시키려고 악역을 자처하다

신생국 임금은 선정을 베풀기가 어렵다. 어떤 나라이든 건국 초기에는 무질서와 혼란이 판친다. 착하게 다스리다가 망할 수도 있다. 마키아벨리Machiavelli는 『군주론』에서 국가 지도자라면 때때로 잔인해져야 한다고 했다. 신생국은 나라를 지키고 안정시키는 게 우선이다. 그렇게만 된다면 왕이 잔인한 짓을 벌이더라도 결국 '위대한 군주'라는 평판을 얻게 된다.

태종 이방원은 그런 임금이었다. 태종의 과거시험 동기생들을 보면 알 수 있다. 이방원은 전무후무 유일하게 과거에 급제한 왕이었다. 그는 고려 우왕 9년(1383)에 실시된 문과에 붙었다. 장원급제는 김한로金漢老, 훗날 태종이 세자 이제李禔(양녕대군)의 장인으로 삼은 인물이다. 2등은 심효생沈孝生으로 신덕왕후 강씨 소생인 배다른 동생 이방석의 장인이 된다. 태종이 세종에게 양위하기 직전에 병조판서로 임명한 박습朴習도 동기였다.

이방원은 이 동기생들을 권력의 제물로 바쳤다. 이방석의 후견인이자 정도전 일파였던 심효생은 1398년 왕자의 난 당시 1순위로 참살했다. 박습은 다소 억울했다. 며느리 소헌왕후의 아버지 심온沈溫을 역적으로 몰기 위해 희생양으로 삼았기 때문이다. 군사에 관한 일을 상왕 태종에게 품의하지 않고 처리한 죄로 목을 베었다. 사돈 김한로는 이방원과 오랜 세월 친분을 나눈 동기였다. 하지만 그는 태종이 금한 세자의 애인을 몰래 궁에 들여주는 바람에 유배형을 받고 쓸쓸하게 죽었다.

태종 이방원은 왕권에 위협이 되는 세력을 추호도 용납하지 않았다. 피를 가장 많이 본 것은 공교롭게도 왕비의 혈육, 외척이었다. 원경왕후와 민씨 일족은 이방원이 왕좌를 차지하는 데 지대한 공을 세웠으나 즉위 후에 외면하고 잔인하게 척결했다.

건국 초기의 혼란을 수습하고 나라를 안정시키기 위해 기꺼이 악역을 자처한 것이다. 태종 이방원의 '거친 생각'과 외척 민씨의 '불안한 눈빛'과 그것을 지켜보는 원경왕후…….
그것은 아마도 전쟁 같은 사랑이 아니었을까?

명문 재상가와 신흥 무인 집안의 혼사
🦋

원경왕후 민씨는 1365년 여흥(여주)에서 민제閔霽의 둘째 딸로 태어났다. 아버지 민제는 학식이 뛰어난 관리였다. 우왕 원년(1375)부터 성균관 사성司成이 되어 제자들을 길러냈다. 그런데 가르치는 틈틈이 사윗감도 골랐던 모양이다. 1382년 이방원이 진사시를 통과해 성균관에 입학하자 민제는 눈여겨보았다. 1367년생이니 둘째 딸과 얼추 나이도 맞았다.

물론 집안도 맞춰봐야 한다. 그 시절 지배층의 혼사는 무엇보다 가문 궁합이 중요했다. 여흥 민씨 일족은 고려 후기에 과거 급제자를 대거 배출하며 신진사대부로 각광받았다. 공부 잘하고 머리 좋은 집안이었다(세종의 학구열과 천재성도 어머니 원경왕후의 혈통과 무관치 않았을 것이다).

1308년 충선왕忠宣王이 교서를 내려 왕실과 통혼할 수 있

전쟁 같은 사랑

는 '재상지종宰相之宗(누대의 재상가)'을 지정했는데, 그 15개 가문에 여흥 민씨도 당당히 포함되었다.[14] 민제의 증조부와 조부 또한 찬성사(정2품), 판밀직사사判密直司事(종2품) 등 고위직을 지냈다. 혼처로 어디 내놔도 나무랄 데 없는 명문가였다.

민제가 볼 때 이방원 집안은 가문 궁합이 좋았다. 서로 보완하는 상생의 관계였다. 방원의 아버지 이성계는 1380년 황산대첩으로 왜구를 섬멸하고 구국의 영웅으로 떠올랐다. 학문이 출중한 여흥 민씨로서는 명망 있는 신흥 무인 가문과의 통혼으로 든든한 배경을 얻을 수 있었다. 고려 말처럼 어지러운 난세에 무력의 뒷받침은 사활이 걸린 문제였다. 민제는 혼사를 통해 일족을 보위할 무력을 확보하려고 했다.

이성계도 흡족하기는 마찬가지였다. 황산대첩 이후 중앙 정계로 진출하면서 문관들과의 교류가 많아졌다. 이성계는 고려를 개혁하고자 하는 신진사대부들의 주목을 받았다. 재상지종의 명문 사대부가와 사돈을 맺는다면 시골 무장 집안이라는 업신여김을 불식시킬 수 있었다. 게다가 민제는 이방원이 스승으로 받드는 성균관 사성이었다. 똘똘한 다섯째 아들이 문관으로 출세하려면 제 일처럼 뒤를 봐줄 후견인이 필요했다.

1382년 이방원은 민제의 둘째 딸과 혼례를 올렸다. 신랑은 16세, 신부는 18세였다. 이듬해 이방원은 가문 최초로 과거에 급제했다. 이성계는 감격해 대궐 뜰에 절하고 눈물을 흘렸다. 자식 가운데 드디어 문관이 나온 것이다. 후일 제학提學에 임명되었을 때는 사람을 시켜 관교官敎(인사 명령서)를 여러 번 읽게 했다. 그는 다섯째 아들을 가문의 자랑으로 여겼다. 그를 연회 때마다 불러 빈객과 한시를 주고받게 했다.[15]

남편의 대업을 위해

민씨 부인은 한동안 자식을 생산하는 데 전념했다. 그녀는 이방원과의 사이에 공식적으로 4남 4녀를 두었다. 다산했으니 순탄했을 것 같지만 속사정은 그렇지만도 않았다. 처음에 딸 둘(정순공주·경정공주)은 그럭저럭 낳아서 길렀다. 그런데 1388년 위화도회군부터 1392년 조선 건국까지 시대의 격변에 휘말리는 동안 민씨 부인의 가정사도 몸살을 앓았다. 아들 셋을 연달아 출산했지만 모두 일찍 가슴에 묻은 것이다.

그 슬픔과 고통을 민씨 부인은 견뎌냈다. 세자 자리를 놓친 남편을 다독거리는 한편 몸과 마음을 추스르고 그 시절 여인

　　　　　　　　　　　　　　　　전쟁 같은 사랑

의 할 일을 했다. 1394년 양녕대군이 태어나자 민씨 부인은 또 일찍 죽을까봐 친정에 맡겼다. 2년 후에 낳은 효령대군도 병약해 궁 밖에 내보내 길렀다. 모유 수유를 빨리 끊고 아들을 더 가지려는 뜻도 있었을 것이다. 충녕대군이 태어난 것은 1397년의 일이었다. 이방원은 훗날 이렇게 회고했다.

"정축년에 주상을 낳았다. 그때 내가 정도전 일파의 핍박으로 목숨이 위태로웠다. 죽을 날이 머지않았다는 생각에 늘 가슴이 답답하고 아무런 낙이 없었다. 바깥에 나갈 일도 없고 집에서 무료하던 차에 나는 대비(원경왕후)와 함께 갓난아이를 돌보았다. 안아주기도 하고 업어주기도 했다. 아기가 무릎 위에서 떠난 적이 없었다. 사랑하는 마음이 가장 도타워 다른 자식들과 달랐다."[16]

태종 이방원의 육아 회고담이다. 22년 후 왕위에서 물러난 이방원이 세종과 양녕대군, 신하들을 불러 지난날을 돌아본 것이다. 셋째 아들 충녕대군이 태어날 무렵 이방원은 정치적으로 벼랑 끝에 몰려 있었다. 정도전·남은南誾·심효생 등이 세자 이방석의 장래를 위해 존재감이 큰 그를 제거하고자 했기 때문이다. 울적하고 불안한 나날이었다.

이방원은 집에 납작 엎드려 민씨 부인과 함께 지냈다. 충녕대군의 탄생은 정치적 고난에 처한 아비에게 새로운 힘을 불어넣었다. 갓난아이를 안아주고 업어주면서 가정에 평화가 깃들고 부부의 정 또한 돈독해졌을 것이다(그때 화목한 가정에서 도타운 사랑을 받은 아이가 나중에 자라서 큰 인물이 된다. 성군 세종대왕이다).

민씨 부인도 그제야 홀가분한 처지가 되었다. 33세의 나이에 아들딸 여럿을 건사했으니 할 도리를 다했다는 만족감이 들었을 것이다. 자식들은 어머니의 발언권을 키운다. 민씨 부인은 할 말을 하기 시작했다. 본격적으로 남편의 대업을 도모했다. 그녀는 지혜롭고 담대했다. 현명한 조언과 과감한 행동으로 이방원의 입지를 180도 바꿔놓았다.

"전쟁을 도저히 피할 수 없다면 그 전쟁은 정당한 것이다. 무력 이외에 희망이 없다면 그 무력은 신성한 것이다."[17]

1398년 이방원이 주도한 왕자의 난은 서구의 '마키아벨리즘'에 비춰보면 정당하고 신성한 것이었다. 정도전 일파와의 전쟁은 불가피했다. 싸우는 것 말고는 살길이 없었다. 그런데 그 전개 과정을 뜯어보면 민씨 부인이 결정적 역할을 했다는 것을 알 수 있다.

"왕자들이 거느린 시위패侍衛牌를 폐지한 것이 이미 10여일 되었다. 정안군도 군사를 해산시키고 군영의 무기를 불태웠는데 부인이 몰래 병장기를 빼돌려 변고에 대응할 계책을

전쟁 같은 사랑

세웠다."[18]

정안군靖安君은 왕자 이방원의 봉호封號다. 태조 이성계는 건국 초에 여러 왕자와 종친을 각 도의 절제사節制使로 삼아 군사의 징발과 통솔을 일임했다. 절제사는 도내 군적에 오른 장정들을 번갈아가며 자신의 군영으로 불렀다. 이 군대를 시위패라고 불렀는데, 왕자와 종친의 사병 노릇을 했다. 정도전은 시위패를 나라의 군대로 만들려고 통일된 진법 훈련을 했다. 요동 정벌을 명분으로 내세웠지만 속내는 정적들의 사병을 빼앗기 위해서였다.

정도전 일파의 집요한 압박에 이방원은 시위패를 돌려보내고 무기마저 불태워야 했다. 사실상 무장해제를 당한 것이다. 그 긴박한 순간에 민씨 부인은 병장기를 빼돌려 숨겨놓았다. 실로 대담한 행보였다. 걸리면 처형감이었다. 그녀는 만일의 사태에 대비하고자 했다. 무장해제는 적의 공세가 임박했다는 뜻이다. 저들은 이방원을 비롯한 왕자들의 숨통을 끊으려고 할 것이다. 변고를 예측한 민씨 부인은 무기를 확보하고 대응에 나섰다.

무기를 빼돌리고 정보를 캐내다

과연 10여 일 후 정변 징후가 포착되었다. 1398년 8월 26일 태조 이성계의 병환이 심해져 왕자와 종친들이 근정문 밖 행랑에서 숙직했다. 『태조실록』에는 그날 정도전과 세자 측이 왕자들을 척살하려 했다고 기록되어 있다. 정도전·심효생 등이 남은의 첩이 사는 송현동 안가에 모여 음모를 꾸미고 세자 이방석, 부마 이제, 도진무 박위朴葳 등이 태조의 명을 내세워 왕자들을 궁궐 안으로 유인해 제거한다는 것이었다.

그런데 이 계획을 민씨 부인이 입수했다. 신시申時(오후 3~5시) 무렵에 남동생 민무질閔無疾이 누나 집에 찾아왔다. 남매가 마주 앉아 긴한 이야기를 나눈 뒤 부인은 종 소근小斤을 남편에게 급파했다. 민씨 부인의 배와 가슴이 갑자기 아프니 어서 들어오라는 전갈이었다. 이방원은 숙부 이화李和가 챙겨준 청심환을 들고 속히 달려갔다. 집에는 부인과 처남이 은밀히 데려온 인물이 이방원을 기다리고 있었다. 전 참찬 이무李茂였다.

이무는 정도전 일파에 속했지만 민무질과도 가까운 인척이라 왕래했다. 민씨 남매는 이무에게서 정도전과 세자 측의 정보를 캐고 있었다. 민무질을 따라온 이무는 이방원을 만나

전쟁 같은 사랑

고 먼저 돌아갔다. 음모의 윤곽을 파악한 이방원은 민씨 부인과 대책을 의논했다. 일단 숙직하고 있는 곳으로 가서 형들에게 경고하고, 낌새가 이상하면 빠져나와 군사를 일으키기로 했다. 남편이 소매를 떨치고 일어서자 부인은 지체 없이 무기를 꺼내러 갔다.

날은 이미 어두워졌다. 이방원은 큰처남 민무구閔無咎를 이숙번李叔蕃에게 보내 군사를 준비하도록 했다. 얼마 전 충청도 관찰사로 부임한 책사 하륜河崙의 조언대로 안산군수 이숙번을 투입할 작정이었다. 이숙번은 때마침 정릉(신덕왕후 강씨의 능)에서 사역하기 위해 휘하 군사들을 이끌고 서울에 들어와 있었다. 그는 이방원의 요청을 흔쾌히 받아들였다. "그 일은 손바닥 뒤집듯 쉬우니, 무슨 어려움이 있겠습니까?"[19]

이윽고 초경初更(오후 7~9시)에 궁에서 사람이 나와 왕자들에게 입궐하라고 했다. 태조가 위중하다는 것이었다. 단, 종자從者는 대동할 수 없었다. 이방원은 궁문에 등불을 밝히지 않은 게 의심스러웠다. 그는 배가 아프다는 핑계를 대고 서문 밖으로 말을 달렸다. 왕자와 종친, 측근들이 속속 합류했다. 정릉에서 사역하던 군사들도 달려왔다. 그들은 민씨 부인이 내놓은 병장기로 무장했다. 하인들도 몽둥이를 들었다. 왕자의 난이 불타오르는 순간이었다.

죽거나 죽이거나

이방원은 결국 정도전 일파와 세자 이방석 등을 모조리 죽이고 거사를 성공시켰다. 죽거나 혹은 죽이거나였다. 최초 거병한 군세가 수십 명에 불과했기 때문에 정적들이 침착하게 대응했다면 오히려 이방원이 낭패를 볼 뻔했다.

민씨 부인도 잘 알고 있었다. 그녀는 패할 경우 남편과 함께 죽고자 경복궁 남문 밖으로 나아갔다. 도평의사사와 의흥삼군부 사이 관청가 한복판에, 문과 무를 다스리는 이 나라의 중심부에 이방원이 우뚝 서 있었다. 믿음이 갔다. 하인이 죽은 정도전의 갓과 칼을 가지고 왔다. 민씨 부인은 승리의 확신을 품고 집으로 돌아갔다.

왕자의 난 당시 이숙번이 큰 공을 세웠다지만, 민씨 부인이 아니었다면 이방원은 무사하지 못했을 것이다. 그녀는 무기를 챙기고 정보를 캐고 동생들을 움직여 정변을 수세에서 공세로 바꾸었다.

이방간李芳幹의 난도 마찬가지였다. 1400년 이성계의 넷째 아들 이방간이 박포朴苞의 부추김을 받아 난을 일으켰다. 형 정종은 허수아비 임금이었으니 동생이자 실권자인 이방원을 겨냥한 것이었다. 이방원은 친형제끼리 골육상쟁을 벌일 수

전쟁 같은 사랑

는 없다며 싸움을 망설였다.

"골육骨肉이 서로 해치는 것은 불의다. 내가 무슨 낯으로 응전하겠는가?"[20]

이화李和·이천우李天祐 등 종친들이 응전을 촉구했지만 고개만 저을 뿐이었다. 이때 민씨 부인이 나섰다. 대의로 남편을 설득하고 갑옷을 꺼내 입힌 것이다. 이방원은 종친과 측근들의 힘을 모아 초반의 열세를 극복하고 이방간의 난을 진압했다.

이성계가 경처 강씨(신덕왕후)의 보좌를 받아 대업을 이루었듯이, 이방원도 민씨 부인의 활약에 힘입어 왕좌를 차지했다. 그 아버지에 그 아들이었다. 하지만 태조와 달리 태종은 현실정치에 능했다. '토사구팽兔死狗烹', 토끼를 잡았으니 이제 사냥개를 삶아 먹을 차례다. 너무 욕할 건 없다. 단지 게임의 법칙일 뿐이다. 권력을 잡기 전과 후의 처지가 달라지기 때문이다. 정치권력은 그래서 무정하고 뻔뻔하다.

이방원은 1400년 11월 정종의 양위로 새 임금이 되었다. 태종은 신생국 조선을 안정시키려면 무엇보다 왕권을 강화해야 한다고 보았다. 국왕 중심의 중앙집권 체제를 구축하기 위해 사병 혁파, 지방관 파견, 호패법, 육조직계제 등을 순차적으로 추진했다. 왕권을 위협하는 세력은 예방 차원에서 뿌리를 뽑았다. 왕비와 일등공신을 배출한 민씨 집안은 1호 제거

대상이었다.

태종 이방원은 즉위하자 후궁을 여럿 두고 가까이했다. 신빈 신씨, 선빈 안씨, 의빈 권씨 등 9명이나 되었다. 남편의 축첩蓄妾 놀음을 조강지처는 좌시하지 않았다. 임금의 체통을 들먹이며 당신이 누구 덕분에 왕위에 올랐느냐고 따졌다. 단순한 사랑싸움이 아니었다. 왕자의 난을 거치면서 원경왕후의 발언권이 커졌다. 그것이 민무구·민무질 등 처남들의 득세로 이어지고 있었다. 왕의 귀에 경고음이 울렸다. 이제 손볼 때가 되었다.

정략결혼의 슬픈 종말

🦋

태종은 치밀했다. 사냥을 시작하기 위해 그는 우선 덫을 놓았다. 1406년 갑자기 왕위를 세자에게 물려주겠다고 선언한 것이다. 당시 세자의 나이는 고작 13세였다. 신하들은 적극적으로 양위를 만류했다. 자신들의 충성심을 알아달라고 한 것이다. 하지만 민무구·민무질 형제는 모호한 반응을 보였다. 그들은 이참에 세자가 왕위에 오르기를 바랐다.

세자 양녕대군은 외가에서 어린 시절을 보냈다. 외숙들과의 관계가 무척 친밀했다. 1404년 양녕대군이 세자에 책봉되자 민무구·민무질은 권신權臣으로 떠올랐다. 세상은 그들을 차기 임금의 후견인으로 지목했고 권력을 쥐여주었다. 그러니 태종의 양위 선언이 얼마나 반가웠겠는가? 민씨 천하가 어른거려 표정 관리가 안 되었다. 매형의 덫에 제대로 걸린 것이다.

다음 수순은 몰이꾼들로 하여금 포위망을 좁히게 하는 것이었다. 민무구·민무질이 양위에 미온적으로 나오자 비난 여론이 형성되었다. 1407년 영의정 부사 이화가 상소를 올려 민씨 형제를 탄핵했다. 이화는 이성계의 배다른 동생으로 전부터 이방원의 의중을 대변해왔다. 그의 상소에는 놀라운 고변이 담겨 있었다.

"민무구 등이 주상께 아뢰기를, '세자 이외에는 똑똑한 왕자가 없는 게 좋다'고 했습니다. 또 전하가 곁에 계신데도 신극례辛克禮를 부추겨 친아들이 먹으로 장난친 종이를 찢게 하고 '제왕의 아들 가운데 똑똑한 자가 많으면 난을 일으킨다'고 말했습니다. 이는 왕자를 제거하고자 한 것이니 저들을 국문하여 난을 막으소서."[21]

이화는 민무구 형제가 똑똑한 왕자를 죽이려 했다고 주장했다. 전후 사정을 고려할 때 충녕대군을 겨냥한 도발이었다.

사태는 일파만파 번져나갔다. 태종은 민무구·민무질의 공신록권功臣錄券을 빼앗고 각각 여흥과 대구로 유배 보냈다. 장인 민제를 봐서 목숨만은 보전해준 것이다.

그러나 1408년 민제가 세상을 떠나자 왕은 죄목을 공식화하는 교서를 반포했다. 협유집권挾幼執權! 어린 세자를 끼고 권력을 잡으려 했다는 것이다. 지난날 정도전에게 씌운 혐의를 적용했다. 1410년 태종은 제주도로 옮겨간 처남들에게 자결을 명했다.

가문의 재앙은 여기서 그치지 않았다. 1415년 태종은 아내의 남은 동생 민무휼閔無恤·민무회閔無悔에게 마수를 뻗쳤다. 왕은 과거 왕비의 몸종(효빈 김씨)이 자기 아들(경녕군 이비李裶)을 임신했는데 민씨 일족이 추운 곳에서 낳게 해 모자를 죽이려 했다는 이야기를 꺼냈다. 또다시 왕자를 제거하려 한 일로 엮은 것이다. 국문장에 끌려온 민무휼·민무회는 압슬 등 참혹한 고문을 당한 끝에 '형들이 죄 없이 죽었다'는 말을 세자에게 한 적이 있다고 털어놓았다. 결국 두 사람도 형들처럼 유배지에서 자결을 명받고 죽어야 했다.

민씨 부인은 기가 막혔다. 남동생 4형제가 몽땅 매형에게 목숨을 잃었다. '재상지종' 민씨 집안이 멸문할 지경이었다. 조강지처에게 어찌 이럴 수 있다는 말인가? 게다가 맏아

전쟁 같은 사랑

들 양녕대군은 원로대신의 첩을 빼앗아 같이 살다가 폐세자의 치욕을 당했다. 모든 게 허망했다. 병석에 누운 원경왕후는 1420년 세상을 떠났다. 야심만만했던 정략결혼의 슬픈 종말이었다.

태종 이방원은 외척들의 말로를 본보기 삼아 누구도 왕권을 넘볼 수 없게 만들었다. 세종비 소헌왕후의 집안도 무사하지 못했다. 새 왕비의 아버지 영의정 심온은 아랫사람들이 군권을 가진 상왕 태종에게 병력 보고를 하지 않는 바람에 어이없이 목숨을 잃었다.

이방원은 새 어머니 신덕왕후, 아내 원경왕후에 이어 며느리 소헌왕후의 집안까지 끝장냈다. 경복궁에 왕비 3대의 피눈물이 흘렀다. 하지만 피도 눈물도 없는 태종 이방원은 신생국을 반석 위에 올려놓음으로써 조선의 실질적 창업자로 추앙받았다.

사랑을 극형으로 다스리다
● 어우동과 남자들 ●

기생에게 빠져 아내를 버리다

"태강수泰江守 이동李仝이 기생 연경비燕輕飛를 매
우 사랑해 그 아내 박씨를 버렸습니다. 종친이 첩을 사랑한
나머지 아내의 허물을 들춰 제멋대로 쫓아낸 것입니다. 한 번
선례를 남기면 앞으로 이런 폐단을 막기 어렵습니다. 청컨대
박씨와 다시 결합하게 하고, 이동의 죄는 성상께서 옳고 그름
을 가려서 결정하소서."

1476년 9월 5일 종부시宗簿寺에서 성종에게 아뢰어 효령
대군의 손자 이동을 탄핵했다. 효령대군이 세종의 작은형이

니 이동은 성종의 칠촌 재당숙이었다. 종부시는 왕실 족보를 관리하면서 종친의 허물을 살피는 관아였다. 탄핵 사유는 이동이 기생첩에게 폭 빠져 아내 박씨를 버렸다는 것이다. 부인을 쫓아내기 위해 그는 치사하게 허물을 들추었다. 박씨 부인의 허물은 과연 무엇이었을까?

그녀는 지승문원사知承文院事 박윤창朴允昌의 딸로 집안이 부유하고 용모도 아리따워 장안의 일등 신붓감으로 꼽혔다. 효령대군 가문은 임금과 가까운 친척이고 명망이 높았다. 잘 나가는 종친과의 결혼으로 박씨 부인은 정4품 혜인惠人에 봉작되며 귀하신 몸이 되었다. 하지만 부부 생활은 순탄치 않았다. 남편 이동이 기생과 사랑에 빠진 것이다.

이동이 들춘 아내의 허물은 낯 뜨거운 것이었다. 어느 날 박씨 부인이 젊고 훤칠한 장인匠人을 집으로 불러 은그릇을 만들게 했다. 남편이 출타하면 계집종의 옷으로 갈아입고 장인의 옆에 앉아 노닥거렸다. 그릇 만드는 솜씨를 칭찬하며 친근하게 굴었다. 분위기가 무르익자 부인은 장인을 유혹해 내실로 끌어들이고 음탕한 짓을 벌였다.[22]

결국 박씨 부인은 소박을 맞았다. 음탕한 짓은 칠거지악의 하나였다. 남편이 아내를 버리기에 충분한 사유였다. 그러나 종부시에서는 박씨의 행실보다 이동의 비행에 무게를 두었다. 낯 뜨거운 허물은 어쩌면 본처를 내쫓기 위한 모함이었는지도 모른다. 종부시는 억울한 박씨의 소박을 우려하며 부부의 재결합과 이동의 처벌을 임금에게 요청했다.

성종은 종부시의 탄핵을 받아들였다. 태강수 이동의 고신 告身, 곧 관직 임명장을 거두고 아내 박씨와 다시 합치라고 명했다. 하지만 청년 군주는 석 달 만에 빼앗은 관직을 돌려주었다. 그해 20세가 된 성종은 세조비 정희왕후의 수렴청정에서 벗어나 이제 막 친정親政에 나섰다. 당면 과제는 임금 위에 군림하는 훈구 대신들을 견제하는 것이었다. 그러려면 종친들의 지원 사격이 절실했다. 성종이 숙부뻘인 이동을 관대하게 처분한 이유다.

종부시의 탄핵은 힘을 잃었다. 이동은 박씨와 재결합하라는 명 또한 유야무야 뭉개버렸다. 억울하게 소박맞은 박씨만 불쌍하게 되었다. 소박은 이혼과 다르다. 사실상 남편과 헤어졌지만 법적으로는 여전히 아내였다. 새 인생을 살 수도, 부부 생활로 돌아갈 수도 없었다. 차라리 이혼이라도 하면 좋으련만 남편이 3년 이상 행방불명되거나 친정 식구들을 해치지 않는 한 재가裁可를 받기가 어려웠다.

박씨 부인의 처지는 갑갑했다. 자유분방한 기질과 억울한 심정이 내면에서 소용돌이치더니 뜨거운 갈망이 끓어올랐다.

사랑을 극형으로 다스리다

마음속 깊은 곳에 웅크린 또 하나의 자아가 꿈틀꿈틀 기지개를 켰다. '조선판 자유부인' 어우동이 탄생하는 순간이었다.

그녀의 치마 속에서는 모두 평등하다

🦋

'어우동於于同'은 그녀의 별명이었다. '어울려서 통한다' 또는 '함께 어울린다'는 뜻이다. 『성종실록』에는 '어을우동於乙于同'이라고 쓰기도 했다. '이혼녀 아닌 이혼녀'가 된 박씨는 길가에 집을 얻고 몸종과 함께 행인들을 품평하며 소일했다. "저자는 힘이 좋으니 내가 취하고, 저자는 나이가 젊으니 너에게 맡기리라." 그러더니 여종을 꽃단장해 거리로 내보내기 시작했다. 충성스러운 종은 잘생긴 청년을 유혹해 집에 데려왔다. 박씨는 날이 갈수록 대담해졌다. 꽃 피고 달 밝은 저녁이면 변장하고 몸종과 함께 도성 안을 돌아다녔다. 몰래 어울려서 통하고 새벽에 돌아왔다.[23]

이윽고 화류계에 은밀한 소문이 퍼졌다. 장안의 호색한들이 앞다퉈 몰려들었다. 어우동은 거침없이 어울리고 끼를 발산했다. 정욕을 숨기지 않았다. 단, 정체는 숨겼다. 별명을 사용하고 기생, 내금위 무관의 첩, 과부로 행세했다. 간통죄를 피하기 위해서였다.

조선시대에는 기혼녀의 외도뿐 아니라 처녀의 혼전 성관계도 간통죄로 처벌받았다. 형벌은 『대명률大明律』(중국 명나라 대법전)을 적용했는데 화간和姦(서로 좋아서 간통함)은 장 80대, 남편이 있으면 장 90대였다. 이 조항은 여자의 간통을 다룬 것이다. 남자의 간통은 가정 문제로 치부하고 넘어갔다. 지배층 남성의 축첩이 성행한 이유다.

어우동은 마침내 꼬리를 밟히고 말았다. 방산수方山守 이난李瀾과의 부적절한 관계가 물의를 일으켰다. 이난은 젊고 호탕한 종친으로 박씨와 부부처럼 지냈다. 사모의 정을 담아 연시를 짓기도 했다. 하루는 그가 집에 와보니 어우동이 마침 봄놀이 나가서 돌아오지 않았다. 혼자 방 안에 앉아 있는데 벽에 걸린 소매 붉은 적삼이 눈에 밟혔다.

물시계는 똑똑똑 밤 기운 청아한데 玉漏丁東夜氣淸

흰 구름 활짝 걷히니 달빛 환해라. 白雲高捲月分明

고요한 빈방에 향기가 남아 있어 閒房寂謐餘香在

오늘도 꿈에 그리운 정 그려 보오. 可寫如今夢裏情[24]

빈방에서 연인의 향기를 맡고 꿈속의 정을 그리는 연심이

사랑을 극형으로 다스리다

얼마나 지극한가? 하지만 그 사랑은 지독한 불륜극이었다. 방산수 이난은 세종의 서손자庶孫子였다. 태강수 이동과는 육촌형제간이었다. 다시 말해 그는 형수를 건드린 것이다. 다른 집안도 아닌 왕가에서 입에 담기도 민망한 일이 벌어졌다. 이불륜극이 옥사獄事의 방아쇠를 당겼다.

어우동 사건이 조정을 발칵 뒤집은 것은 1480년 6월 13일이었다. 성종은 "방산수 난이 태강수 동이 버린 아내 박씨와 간통했으니, 국문해 아뢰라"고 의금부에 명했다. 이틀 뒤에는 "도망친 박씨를 끝까지 추포하라"는 어명이 이어졌다. 왕실의 위엄이 땅에 떨어졌다. 엄한 조사와 처벌이 불가피했다.

어우동은 곧 감옥에 갇혔다. 그녀의 입에서 정을 통한 간부姦夫들의 이름이 술술 나왔다. 장안의 호색한들이 굴비 엮듯이 끌려왔다. 무려 수십 명이었다. 그녀는 지체 높은 종친의 아내였지만 남자의 신분을 가리지 않았다. 왕족·대신·유생·서리·양인·노비가 그녀의 치마 속에서는 모두 평등했다. '동등하게 어울린다'고 해서 '어우동'인가?

어우동의 남자들은 의금부·형조·한성부로 나뉘어 심문을 당했다. 종친 수산수守山守 이기李驥는 단옷날 그네뛰기 구경하는 박씨에게 접근해 정을 통했다. 종친의 사위 이승언李承彦은 길을 지나가는 어우동을 보고 집까지 따라가 동침했다. 옆

집 살던 내금위 구전具詮은 박씨가 정원에 나오자 담을 뛰어 넘어 간통했다. 어우동을 탐내 구애한 남자들이다.

어우동이 정을 준 사내들도 있었다. 성균관 학록學錄 홍찬洪璨은 과거에 급제해 풍악을 울리며 거리를 돌 때 어우동의 눈에 들었다. 뒤에 길에서 만나자 그녀는 소매로 얼굴을 슬쩍 건드려 그의 마음을 빼앗았다. 전의감典醫監 생도 박강창朴强昌도 종을 팔려고 집에 찾아갔다가 여주인의 낙점을 받았다. 어우동은 정을 준 사내들의 몸에 먹으로 제 이름 새기는 것을 즐겼다. 박강창과 이난은 팔뚝에, 서리 감의향甘義享은 등에 정표를 남겼다.

때로는 성범죄에 노출되기도 했다. 지거비知巨非는 밀성군密城君의 종으로 이웃에 살았다. 어느 날 새벽에 외출하는 어우동의 앞을 그가 가로막았다. 밀성군은 세종의 서자였고, 그 종은 어우동이 누구인지 잘 알고 있었다. 지거비는 자기가 떠들면 부인의 행실이 널리 알려지고 큰 옥사가 일어날 것이라고 위협했다. 박씨는 두려워서 노비를 안으로 불러들였다.[25]

간통한 남자들은 대부분 어우동이 기생·첩·과부인 줄 알았다며 관행의 범위 내에서 발뺌하기 바빴다. 그들은 관직에서 쫓겨나거나, 곤장 맞고 유배 가는 등 가벼운 처벌을 받았다. 사내들은 1~2년 안에 아무 일 없었다는 듯이 복귀했다.

사랑을 극형으로 다스리다

애초 간통을 입증할 수 없다며 죄를 면한 자도 수두룩했다. 어우동을 겁박한 종 지거비만 노역형을 받았다가 죄가 더해져 변방으로 떠났다.

"어우동을 극형에 처함이 옳다"

🦋

어우동의 죄는 어떻게 처결했을까? 1480년 9월 2일 의금부에서는 그녀에게 적용할 율律이 곤장 100대와 유배 2,000리라고 임금에게 아뢰었다. 하지만 도승지 김계창金季昌 등 사림 관료들은 극형을 주장했다. 어우동이 종친의 아내로서 친척과 귀천을 가리지 않고 음탕한 짓을 저질러 강상綱常, 곧 사람이 지켜야 할 도리를 어겼다는 것이다. 성종은 사림의 손을 들어주었다. 의금부는 왕의 뜻에 따라 최종안을 작성해 올렸다.

"태강수 이동의 아내였던 어을우동이 간통한 죄는 『대명률』의 '남편을 배반하고 도망해 바로 개가改嫁한 것'에 비길 수 있습니다. 이는 '교부대시絞不待時(대기 없이 바로 목매달아 죽임)'에 해당합니다."

성종은 다시 신하들의 의견을 물었다. 영의정 정창손鄭昌孫

을 비롯한 훈구파가 반론을 폈다. "태형이나 장형의 죄는 비슷한 법 조항을 끌어와 적용할 수 있으나 사형은 불가합니다. 이것은 '율 밖의 형벌'입니다. 어찌 후세에 법으로 삼을 수 있겠습니까? 어을우동이 비록 죽일 죄를 지었다고는 하나, 임금은 살리는 것으로 덕을 쌓아야 합니다."

사림이 유교 종법과 신분 질서를 수호하기 위해서는 일벌백계가 필요하다고 주장한 반면, 훈구파는 올바른 법률을 적용해야지 다른 법 조항에 비겨 죽이는 것은 잘못이라는 논리였다. 비록 태종 때 승지 윤수尹脩의 처와 세종 때 관찰사 이귀산李貴山의 처를 예외적으로 극형에 처했지만 그 외에는 간통했다고 해서 죽인 판례가 없었다. '율 밖의 형벌'은 나랏일의 일관성을 해치기 때문이다. 이제 공은 임금에게 넘어갔다. 성종은 어떤 판결을 내렸을까?

"지금 풍속이 아름답지 못해 여자들이 음탕한 짓을 많이 저지른다. 형벌하는 까닭은 교화를 돕고자 함이다. 어을우동의 음행을 엄히 징계해 고려 말의 음란한 풍속이 되살아나지 못하도록 할 것이다. 극형에 처함이 옳다."[26]

어우동은 그날부로 군기감 앞에서 처형되었다. 음행의 본보기로 목매달린 것이다. 앞서 그녀의 어머니 정씨 부인은 국문장에서 이렇게 부르짖었다. "사람이 누군들 정욕이 없겠습

사랑을 극형으로 다스리다 ──────

니까?" 그러나 성리학은 정욕을 억누르고 절의를 추구했다. 성종은 『경국대전』 편찬을 마무리하고 유교 통치체제를 완성하고자 했다. 절의를 숭상하는 유교 규범으로 백성을 교화하고 풍속을 바로잡으려면 정욕의 화신 어우동을 엄히 징계해야 했다.

하지만 역사는 꼭 거창한 명분에 따라 움직이는 게 아니다. 때로는 사사로운 감정이 개입해 역사의 물길을 바꾸기도 한다. 어우동에 대한 처형(1480년)은 성종이 부부 싸움 끝에 폐비 윤씨를 쫓아내고(1479년) 사약을 내려 죽이는(1482년) 와중에 벌어졌다. 20대 한창 나이의 임금이 죽이고 싶도록 미워한 두 살 연상의 왕비! 이 불행한 부부 관계가 어우동의 운명과 조선 여인들의 삶에 어떤 영향을 미쳤을까?

폐비 윤씨 방지법

1469년 11월 28일, 세조의 둘째 아들 예종이 재위 1년 2개월 만에 세상을 떠났다. 왕위를 물려받은 인물은 놀랍게도 13세의 조카 이혈李娎이었다. 제9대 왕 성종이다. 자을산군 이혈은 세조의 요절한 맏아들 의경세자(덕종)의 둘째 아들이었다. 예종의 원자도 있고, 친형 월산군도 있어서 원래는 보위에 오를 순번이 아니었다. 그러나 대왕대비 정희왕후는 원자가 어리고(4세), 월산군은 병약하다며 자을산군을 후계자로 지목했다. 물론 진짜 이유는 따로 있었다. 이혈이 훈구파 거목 한명회의 사위였기 때문이다.

어린 임금은 세조비 정희왕후, 예종비 안순왕후, 생모 소혜왕후(인수대비)의 치마폭에 싸여 국왕 수업을 받았다. 나랏일은 훈구 대신들이 승정원에 출근하며 사사건건 간섭했는데, 할머니 정희왕후의 노련한 수렴청정 덕에 무난하게 굴러갔다. 왕은 아침·점심·저녁 하루 세 차례 경연도 모자라 한밤중에 자문관을 불러 야대夜對까지 행하며 경전과 역사를 파고들고 국정에 관해 토론했다. 이혈은 모범생 임금으로 성장했다.

1476년 20세가 되어 친정에 나선 성종은 선비의 언로를 열며 유교 통치를 꽃피웠다. 물 만난 물고기처럼 유학자 임금의 포부를 펼쳤다. 문제는 왕의 여자였다. 공혜왕후는 2년 전 자식을 낳지 못한 채 세상을 떠났다. 성종은 대비들의 뜻을 받들어 공석이 된 왕비 자리를 임신 중인 후궁에게 내주었다. 이 여인이 바로 폐비 윤씨요, 태어난 아이가 연산군이다.

성종과 새 왕비는 부부 싸움이 잦았다. 여기에는 성종의 여성 편력이 한몫했다. 젊은 왕은 출근하면 유교 통치체제를 정비하느라 바빴고, 퇴근 후에는 자식 생산에 열과 성을 다했다. 재위 중 3명의 왕비와 9명의 후궁에게서 아들 16명과 딸 12명을 보았을 정도다. 왕비 윤씨는 성종을 들볶았다. 얼굴에 손톱자국을 내기도 했다. 유학자 임금은 아내가 투기에 눈이 멀어 방자하게 군다며 격분했다. 감정의 골이 깊어졌다.

1477년 결국 사달이 나고 말았다. 왕비의 방에서 주머니에 든 비상과 저주를 거는 서책이 나온 것이다. 신변의 위협을 느낀 임금은 위험한 윤씨를 당장 쫓아내려고 했다. 신하들은 어린 원자(연산군)를 생각해 국모를 용서해달라고 간청했다. 이 사건은 여종에게 책임을 묻는 선에서 매듭지어졌다. 그러나 2년 후 성종은 다시 한번 폭발했다. 이번에는 단단히 작심한 듯 신하들의 만류를 뿌리치고 왕비를 폐해 사가私家로 쫓아냈다.

"일전에 내가 후궁의 방에 있는데 중전이 불쑥 난입했다. 지난날의 행실을 고치기는커녕 나를 능멸하는 지경까지 이르렀다."27

폐비 윤씨가 사가에 머물자 민심이 술렁거렸다. 백성들은 남편에게 쫓겨난 아내를 동정하기 마련이다. 연산군의 세자 책봉 문제가 거론되자 신하들도 생모 윤씨를 싸고돌았다. 심지어 사가에 출입하는 사람들도 있었다. 그것이 윤씨의 수명을 단축하게 했다. 1482년 8월 16일 왕은 후환을 없애기 위해 폐비에게 사약을 내렸다. 원자의 생모를 왜 죽여야만 했을까?

"폐비가 흉하고 간사한 성질로 국권을 잡으면, 원자가 아무리 현명해도 소용없다. 한나라 여후와 당나라 무후의 화를 입을까봐 섬뜩하다. 한무제는 후사를 위해 죄 없는 구익鉤弋 부인을 죽였는데 폐비는 용서 못할 죄까지 있다."[28]

이 전지를 살펴보면 성종의 근심이 무엇이었는지 읽힌다. 그는 폐비 윤씨가 어린 아들을 끼고 국권을 잡을까봐 우려했다. 이미 왕비 시절에 "발자취까지 없애버리겠다欲幷其足跡而去之也"며 임금을 협박한 여인이다. 발자취, 곧 족적은 왕의 업적을 뜻한다. 내 아들이 즉위하면 남편, 너의 업적을 지워버리겠다는 뜻이다. 성종이 심혈을 기울여온 유교 통치체제가 물거품이 될지도 모르는 일이었다.

한무제는 말년에 얻은 황자皇子 불릉弗陵을 후계자로 삼고자 생모 구익 부인에게 자결을 명했다. 성종은 이 고사를 인용하며 폐비의 목숨을 거두었다. 단지 쫓아내서 죽이는 데 그치지 않았다. 그는 나라이든 집안이든 윤씨와 같은 여성이 출현하는 것을 경계했다. 정절을 법제화해 여성의 삶을 삼종지도三從之道에 끌어맨 것도 그래서다. 그것은 성종의 '폐비 윤씨 방지법'이었다.

사랑을 극형으로 다스리다

어우동은 정절의 희생양이었다

💘

　　유교 국가 조선에서 여성의 으뜸 가치는 '정절貞節'
이었다. '정貞'은 육체와 정신의 순결을 뜻한다. 몸은 물론 마
음마저 떳떳해야 한다. '절節'은 남편과 가문에 신의를 지키
는 것이다. 그것은 여성의 성性을 넘어 일생을 통제한다. 어려
서는 아버지를 받들고, 결혼해서는 남편을 따르며, 늙어서는
아들에게 의지하는 '삼종지도'의 삶이다.

　성종은 유교 통치체제의 일환으로 정절을 법제화하려고
했다. 왕이 표적으로 삼은 풍속은 '재가再嫁'였다. 성종은 한
번 결혼한 여성이 다른 남자와 재혼하면 정절을 잃는 것이라
고 보았다. 충신은 두 임금을 섬기지 않고, 열녀는 남편을 바
꾸지 않는 법이다.[29]

　1477년 7월 17일, 왕은 부녀자의 재가를 금하는 방안을
토론에 부쳤다. 대소신료들의 의견이 모이자 예조에 명을 내
렸다. 재가해 정절을 잃은 여자의 자손은 관직에 등용하지 못
하게 한 것이다. '재가녀자손금고법'이 공표된 것은 『경국대
전』이 완성되던 1485년의 일이었다. 풍속에 관한 일이었기
에 민심을 살피고 널리 알리는 시간이 필요했다.

　이때 어우동 간통 사건이 큰 역할을 했다. 성종이 어우동

을 처형함으로써 정절이 화두로 떠올랐고 '재가녀자손금고법'도 회자되었다. 이후 주자학·향약 등의 확산으로 부녀자의 수절守節은 사회적 의무로 자리 잡았다. 세상을 떠난 남편을 따라 자결하는 절부節婦도 쏟아져 나왔다. 호랑이는 죽어서 가죽을 남겼고, 절부는 죽어서 열녀문을 남겼다.

어우동은 바로 그 열녀문에 목매달린 정절의 희생양이었다. 사실 그녀는 바람난 남편에게 소박맞고 각성한 여인이었다. 자신의 삶과 사랑을 스스로 선택하고자 했을 뿐이다. 오히려 성에 대한 이중 잣대야말로 위선이자 모순이 아닌가?

성현의 『용재총화』에 재미있는 일화가 실려 있다. 수원의 한 기생이 손님을 거절했다는 이유로 매를 맞았다. 기생이 사람들에게 하소연했다. "어우동은 음탕한 짓을 좋아했다고 벌을 받는데, 나는 음란하지 않다고 죄를 얻었으니 조정의 법이 어찌 이리도 다르단 말이오?" 듣는 사람들이 모두 합당한 말이라고 여겼다.

사랑을 극형으로 다스리다 ─────

인습에 희생되다
● 윤심덕과 김우진 ●

"이 유언서를 부쳐주시오"

　　연애란 무엇인가? 연애는 남녀가 서로 좋아해 사귀는 것이다. 이 말이 한국에 처음 출현한 것은 1910년대였다. 1912년 조중환이 『매일신보』에 연재한 번안 소설 『쌍옥루雙玉淚』에 등장하더니 널리 쓰이기 시작했다. 조선시대까지 남녀의 사랑은 부모에 의해 결정되었다. 갑돌이와 갑순이가 눈이 맞아 물레방아에서 몰래 만나기도 했지만 이런 사랑은 윤리적으로 환영받지 못했다. 동네 창피하고 가문에 먹칠하는 일이었다. 그 오랜 터부를 깨고 연애라는 이름의 근대가

밀어닥쳤다. 당사자인 남녀가 주인공이 되어 세상을 장밋빛 연심으로 물들인 것이다.

1920년대 조선에서는 자유연애가 활짝 꽃피웠다. 연애 열기에 불을 지핀 것은 편지였다. 사랑의 열병을 앓는 청춘 남녀들은 아침저녁으로 연애편지를 썼고 오매불망 답장을 기다렸다. '연애편지 잘 쓰는 법'이 베스트셀러로 떠올랐다. 작가들은 사랑이 인생의 오아시스라고 부르짖었다. 우편제도 정착의 일등공신도 연애편지였다. 1895년 우편제도가 처음 시행되었을 때 첫 보름간 수거된 편지는 고작 137통이었다. 그런데 1925년 한 해 동안 오간 편지는 무려 7,000만 통으로 늘었다.[30]

연애에 목숨 거는 일도 다반사였다. 1910년 391명에 그친 자살자 수가 1925년 1,500여 명으로 급증한 데는 '이 죽일 놈의 사랑'이 한몫했다. '정사情死', 이루어질 수 없는 사랑 때문에 스스로 목숨을 끊는 사건들이 세상의 주목을 받았다. 1920년대 신문과 잡지의 헤드라인을 장식하는 뜨거운 뉴스였다. 주인공이 유명인사들이라면 그 반응은 폭발적이었다. 윤심덕과 김우진의 현해탄 정사 사건은 불후의 명곡 〈사死의 찬미〉와 더불어 전설이 되었다.

1926년 8월 4일 새벽 4시, 일본 시모노세키항下關港을 출

인습에 희생되다

발해 현해탄을 건너 부산으로 향하는 부관연락선 도쿠주마루德壽丸는 쓰시마섬對馬島 옆을 지나고 있었다. 배를 순시하던 급사는 일등선실 3호의 방문이 열린 것을 보고 고개를 갸우뚱했다. 선객이 이 시간에 갑판으로 산책을 나간 것일까? 수상하다 싶었는지 급사가 확인차 선실에 들어갔다. 가방 위에 놓인 편지가 눈에 밟혔다. 겉봉에 '뽀-이에게'라고 적혀 있어 뜯어보니 메모가 나왔다.

"대단히 미안하나 이 유언서를 본적지에 부쳐주시오."[31]

편지에는 사례로 보이는 5원 지폐 한 장과 집에 부쳐달라는 유서도 들어 있었다. 퍼뜩 자살을 떠올린 급사는 선장에게 달려갔다. "긴급사태 발생!" 연락선이 발칵 뒤집히고 한바탕 소동이 일어났다. 배를 멈추고 안팎을 수색했으나 3호실 선객의 종적은 찾을 수 없었다. 정황상 바다에 몸을 던진 것 같은데 몇 시에, 어느 지점에서 그랬는지도 알 수 없었다. 선실에 남겨진 것은 여자 지갑과 남자 금시계, 현금 160원과 기타 장식품 정도였다. 선장은 신원을 파악하기 위해 선객 명부의 인적 사항을 살펴보았다.

'김수산金水山, 조선 목포부 북교동, 남자, 30세.'

'윤수선尹水仙, 경성 서대문정 일정목 73번지, 여자, 30세.'

조혼남이 신여성을 만났을 때

이윽고 도쿠주마루가 부산에 도착하자 선장은 이 사건을 경찰에 신고했다. 곧 두 사람의 정체가 드러났다. 남자는 목포 대부호 김성규의 맏아들이며 극작가·연극평론가로 알려진 김우진金祐鎭이었다. 그는 1924년 일본 와세다 대학 영문과를 졸업하고 집안의 재산과 토지를 관리하는 상성합명회사 사장에 취임했다. 당시 풍습에 따라 일찍 결혼해 슬하에 1남 1녀를 두기도 했다.

여자는 놀랍게도 조선 최고의 소프라노 윤심덕尹心悳이었다. 평양 출신으로 경성여자고등보통학교 사범과를 나온 그녀는 국비 유학생에 뽑혀 일본 도쿄음악학교에서 공부하고 1923년에 돌아왔다. 보기 드문 여성 성악가에게 화려한 조명이 쏟아지는 것은 당연한 일이었다. 방송 출연과 음반 취입에 나서며 대중가수로서 명성도 높아져 갔다. 일거수일투족이 뉴스거리였다. 당대의 스타였다.

김우진과 윤심덕의 현해탄 정사 사건은 곧 세상에 알려졌다. 이런 호재를 언론이 가만 놔둘 리 없었다. 스타와 재력가는 언제나 대중의 관심사다. 게다가 남자는 유부남이다. 부관연락선에서 조선 사람이 사랑 때문에 자살한 것도 처음이다.

인습에 희생되다

8월 5일 『매일신보』 등 주요 신문의 사회면이 온통 이 사건으로 도배되었다. 대중의 관심은 줄기차게 이어졌다. 8월 29일 일본 닛토日東축음기회사에서 윤심덕의 음반이 나오자 다시 절정으로 치달았다.

사람들은 정사 사건의 내막이 궁금했다. 언론에서는 윤심덕과 김우진이 서로 사랑하는 사이였지만, 남자가 처자식 딸린 유부남이었기에 비관해 동반 자살을 택한 것이라고 추측했다. 따지고 보면 불륜이다. 아름다운 일이 아니다. 단, 시대상은 살펴봐야겠다. 1920년대에는 신여성과 조혼남의 연애가 사회 문제로 떠올랐다. 그들에게 뭔가 특별한 사정이 있었을까?

신여성은 국내외에서 근대 교육을 받은 배운 여자들을 일컫던 말이다. 학창 시절 윤심덕 같은 신여성은 김우진처럼 일찍 결혼한 유부남과 함께 공부하고 어울렸다. 당시에는 아들이 학업을 위해 객지로 떠나기 전에 결혼부터 시켜 가문의 대를 잇는 조혼 풍습이 있었다. 고등보통학교 남학생의 60퍼센트는 이미 기혼자였다고 한다. 조혼한 남자들은 처자식을 고향에 두고 계속 학업을 이어나갔다. 나이가 차면서 심중에 변화가 생기기도 했다. 연애 상대로 신여성을 점찍으면서 부모가 시킨 결혼을 부정하는 일이 속출했다.

"창순은 지금 스물한 살이다. 그는 열다섯 살에 장가를 들었다. 종래의 결혼제도에 따라 부모가 시킨 것이다. 지금이라면 부모에게 반항하고 그 결혼제도를 굳게 거부했겠지만 그때는 아무것도 모르는 어린아이인 까닭에 하라는 대로 순종하는 수밖에 없었다. 몇 해 동안은 그럭저럭 무사히 지냈으나 그가 중학교를 마치고 대학에 들어가자 사정이 달라졌다. 지식이 붙고 사상이 늘어감에 따라 창순은 차츰 자기 결혼 생활을 부정했다. 그것은 털끝만 한 사랑도 이해도 없는 죽은 육체의 결합에 지나지 않았다."[32]

1920~1930년대 딱지본 대중소설 작가로 인기를 끈 박준표는 1924년작 『운명』에서 신여성과 사랑에 빠진 조혼남의 심경을 이렇게 묘사했다. 소설 속 창순은 고향을 떠나 경성대학 문과에 진학하며 근대적 가치관이 형성된다. 그는 부모가 하라는 대로 따른 정희와의 결혼을 부정하고 영문과 다니는 영숙과의 주체적인 사랑을 꿈꾼다. 졸업하고 집에 돌아온 창순은 인습에 얽매인 구여성을 버리고 신여성과 새로운 시대의 가정을 꾸리고자 한다. 하지만 실제로 이혼을 단행하는 것은 무척 괴롭고 고민스러운 일이다.

"그녀는 한사코 반항할 것이다. 우리 집과 처가에서도 반대하겠지. 자식까지 낳았으니까. 생각해보니 시끄럽게 일어

인습에 희생되다

날 일장 풍파가 싫고 싫었다. 그뿐인가. 무지한 사회로부터 허다한 욕설과 비난이 쏟아질 것이다. 벌써 여러 가지 소리가 귀에 들리는 것 같고 정신이 답답하여 어떻게 해볼 도리가 없다.⋯⋯남편 마음도 모르는 그녀와 천진스럽게 누워 자는 어린애가 퍽 불쌍하고 애처로워 보였다."[33]

딱지본 대중소설은 대체로 대중의 가치와 구미에 따랐다. 박준표의 『운명』도 주인공이 자유연애에 대한 환상을 품지만 이혼을 부담스러워하다가 처자식이 기다리는 가정에 복귀하는 것으로 마무리된다. 대중 정서에 부합하는 결말이다. 반대로 조혼 가정을 깨고 자유연애 상대를 후처나 첩으로 받아들이려면 거센 풍파를 감수해야 했다. 사회적 거부감이 컸다.

김우진과 윤심덕의 고민도 여기에 있었을 것이다. 도쿠주마루 선객 명부에 기재된 '수산'은 김우진의 호였다. '수선'은 수산의 곁에 있는 사람이라며 그가 윤심덕에게 지어준 애칭이었다. 두 사람의 인연은 도쿄 유학 시절인 1921년으로 거슬러 올라간다. 일본 유학생 동우회에서 극단을 만들어 조선 순회공연을 열기로 했는데 김우진이 연극 연출, 윤심덕이 성악 독창을 맡은 것이다. 그들은 준비 모임을 하면서 안면을 텄다.

동우회의 조선 순회공연은 성공을 거두었다. 20여 일 동안 14개 지역에서 공연했는데 가는 곳마다 열렬한 환영을 받았다. 연극과 강연도 좋았지만 특히 윤심덕의 독창이 화제였다. 머지않아 유학파 여성 성악가가 되어 귀국할 그녀였다. 윤심덕을 향한 세상의 관심과 기대가 자라났다.

김우진도 동갑내기 여학생에게 마음이 갔다. 그는 성격이 차분하고 섬세한 편이었다. 반면 윤심덕은 '왈녀'라는 별명을 갖고 있을 만큼 대범하고 쾌활했다. 그녀는 김우진의 도쿄 하숙집을 스스럼없이 드나들며 음악과 문학을 논하고 속 깊은 이야기를 나누었다. 두 사람은 예술적 동반자로서 신뢰와 정을 쌓아나갔다. 그들의 관계를 단순히 불륜의 틀에 가둘 수 없는 이유다.

1922년 여름 윤심덕은 도쿄음악학교를 졸업하고 본격적으로 성악가의 길을 모색했다. 선구자는 가시밭길을 걷기 마련이다. 조선에서는 아직 성악이 널리 알려지지 않았다. 소프라노 해서 밥 벌어먹기는 거의 불가능했다. 김우진은 벅찬 도전을 앞둔 윤심덕에게 힘을 주고 싶었다. 졸업 후 고향 평양에 잠시 머물고 있던 그녀에게 그의 초청장이 도착했다. 마침 자기도 방학을 맞아 목포에 있으니 여기 와서 가족음악회를 열어달라는 것이었다.

김우진의 초청장에는 윤심덕과 두 동생의 기차표가 들어 있었다. 여동생 윤성덕은 이화학당에서 피아노를, 남동생 윤기성은 연희전문학교에서 성악을 배웠다. 혼자라면 부담스러웠을 텐데 가족음악회라니 한결 마음이 가벼웠다. 윤심덕은 초청에 응했다. 동생들과 함께 목포 제일 갑부의 대저택에 찾아가 서양 음악과 성악을 선보였다. 김우진의 부모와 동생들, 부인과 딸을 만나 인사도 나누었다.[34]

새롭고 낯선 스타에 대한 삐뚤어진 관심

윤심덕은 학교로 돌아가 1년 더 성악을 갈고 닦은 뒤 1923년 5월 귀국했다. 소프라노로서 첫걸음을 내디딘 것이다. 당시 조선 땅에는 임배세가 잠시 활동하다가 미국으로 떠나는 바람에 여성 성악가를 찾아볼 수 없었다. 소프라노가 뭔지도 모르고 청하는 이도 거의 없는 실정이었다. 그녀는 우선 모교인 경성여자고등보통학교에 시간강사로 출강하며 음악회 무대에 설 날을 기다렸다.

다행히 얼마 후 기회가 왔다. 윤심덕은 6월 26일 동아부인상회 창립 3주년 기념음악회에서 데뷔 무대를 갖고 소프라노 활동을 개시했다. 비교 대상이었던 임배세가 '꾀꼬리 같은 목소리'였다면 윤심덕은 '옥쟁반에 구르는 구슬 소리'로 인기를 끌었다. 그녀는 곧 경성 지역 음악회의 단골손님이 되었다. 한 달에 서너 번 무대에 서기도 했다. '관중을 취하게 하는 일류 성악가', '조선 제일의 성대' 등 찬사가 쏟아져 나왔다.

하지만 음악회라고 해봐야 출연료가 빤했다. 윤심덕은 거 마비 정도만 받고 무대에 오르기도 했다. 경제 사정은 날이 갈수록 궁핍해졌다. 1924년 초에는 평양의 부모가 경성으로 이사와 살림을 합쳤다. 윤심덕은 이제 부모를 봉양하는 것은 물론 동생들까지 뒷바라지해야 했다. 음악회 수입으로는 어림도 없었다. 개인 레슨을 해가며 악착같이 돈을 벌었지만 힘에 부쳤다.

그녀를 더욱 힘겹게 만든 것은 삐뚤어진 관심이었다. 무대에서 보여주는 쾌활한 표정과 태도를 까분다고 흉보는 관객들이 있었다. 훤칠하고 호리호리한 체격도 문제삼았다. 윤심덕은 새롭고 낯선 존재였다. 대중은 새로운 것이 어색하다. 낯선 것에 거부감을 느낀다. 사람들에게 알려질수록 뒷말도 늘어났다. 인기가 높아질수록 인신공격 수위도 올라갔다.

이윽고 윤심덕의 자유연애 이력이 도마 위에 올랐다. 작곡가 홍난파와 염문을 뿌렸네, 음악 하는 채동선의 고백을 매몰차게 거절했네, 문인 박정식을 상사병에 걸려 죽게 만들었네 등 온갖 구설수가 따라다녔다. 사실에 근거하지 않은 유언비어도 가십으로 언론 지면에 실리던 때였다. 문란한 소문이 눈덩이처럼 불어나며 여성 성악가를 바라보는 시선이 싸늘해졌다. 마녀사냥이 시작되고 있었던 것이다.

세파에 시달리는 윤심덕에게 위안이 되어준 이는 김우진이었다. 그는 1924년 여름 와세다대학 영문과를 졸업하고 본가인 목포에 돌아왔다. 대학에서 극문학을 전공한 김우진은 계몽주의 문학과 신파극을 극복하고 조선 땅에 서구 근대극을 뿌리내리겠다는 포부를 갖고 있었다. 그러나 아버지는 맏아들의 꿈을 일축했다. 김성규는 장성 군수와 무안 감리를 지낸 세도가요, 목포에 거대한 부를 일군 재력가였다. 장남 우진이 뒤를 이어주기를 바랐다.

김우진은 부모의 뜻에 따라 상성합명회사 사장을 맡게 되었다. 집안의 재산과 토지를 관리하는 회사였다. 남들은 부러웠겠지만 그에게는 좌절이었다. 이런 남편을 유학자의 딸인 아내는 다독거리지 못했다. 왜 가업을 놔두고 연극을 하려고 하는지, 그거 못 한다고 어찌 저리 안달인지 이해하기 어려웠던 것이다. 그럴수록 김우진은 윤심덕이 간절했다. 시련 속에서 두 사람의 사랑이 돋아났다. 인습에 상처 입은 선구자들의 예술적 동병상련이었다.

예술과 사랑은 단비가 되어 메말라가던 그들의 삶을 해갈

해주었다. 하지만 인습에 사로잡힌 조선, 이방인에게 척박한 세상을 적셔주지는 못했다. 휘둘리지 않으려고 몸부림칠수록 점점 더 얽매이는 불가항력의 현실이 사방에서 근대 예술의 선구자들을 조여왔다.

1925년 초에 윤심덕이 경성 갑부 이용문의 첩이 되었다는 루머가 나돌았다. 남동생 윤기성의 미국 유학 경비를 후원받기 위해 그의 집을 몇 번 찾아갔다가 스캔들에 휩싸인 것이다. 소문은 일파만파 퍼져나갔다. 호사가들은 예술가인 척하더니 돈에 팔려 갔다며 노골적으로 비아냥댔다. 금전에는 처첩의 구별이 없다느니, 셋째인가 넷째인가 마마님이 되었다느니, 갑부 앞에서만 성악을 한다느니, 가시 돋친 말들이 칼춤을 추었다.

"윤씨의 이번 행동은 타락한 행동이다. 예술가이면 예술가, 사업가이면 사업가, 가정부인이면 가정부인으로 똑똑히 사람이 좀 되어갑시다. 윤씨야! 기왕 국외로 간다는 소문이 있으니 거기서 태평연월이나 노래하면서 건강히 일생을 지내라. 누구나 그대 보기를 원치 않을 테니."[35]

소나기는 일단 피하고 볼 일이다. 억울하게 마녀사냥을 당한 윤심덕은 혼자 중국 하얼빈으로 떠났다. 어린 시절 따르던 배형식 목사가 선교와 독립운동을 펼치던 곳이었다. 그녀는 모든 연락을 끊고 배 목사 집에서 6개월 동안 칩거했다. 언니 윤심성의 남편이 세상을 떠났다는 전보를 받고서야 경성으로 돌아왔다.

이제 성악가로서 정상적인 활동을 하기는 글렀다. 윤심덕은 조선총독부 체신국 등에서 시험방송 중이던 라디오에 출연해 노래를 부르고 시를 낭송하고 사회를 보았다(이때 한국 최초 경성방송국은 정식 개국 전이었다). 축음기 음반 취입 제의도 들어왔다. 녹음할 곡은 유행 창가, 곧 대중가요였다. 윤심덕은 국비 유학 성악가의 자존심을 접고 당시까지만 해도 천하게 여기던 대중가수로 변신한 것이다.

스캔들에 상처 입고 연극배우에 도전하다

그 시절에 대중가수를 누가 했을까? 방송 출연과 음반 취입은 기생들의 몫이었다. 1927년 2월에 개국한 경성 방송국은 초창기에 기생 100여 명이 출연해 기틀을 다졌다. 유행 창가가 수록된 최초의 음반은 1925년 일본축음기상회 에서 출시했는데 기생 김산월·도월색 등이 일본에 건너가 〈이 풍진 세월〉, 〈시들은 방초〉, 〈장한몽가〉 등을 녹음했다. 하지만 기생 가운데서도 광대놀음에 끼지 않겠다고 대중가수를 거절하는 이도 있었다. 그런 일에 국비 장학생으로 도쿄음악학교에서 성악을 전공한 윤심덕이 나설 줄이야.

파격 변신은 여기서 그치지 않았다. 1926년 윤심덕은 극단 토월회에 가입해 연극배우로 활동했다. 그 제안은 김우진이 했다. 요한 아우구스트 스트린드베리Johan August Strindberg의 영향을 받은 그는 평론에서 조선의 절박한 사회상을 묘사하려면 표현주의가 가장 적합하다고 분석하고 소극장을 중심으로 한 신극 운동을 주창했다. 윤심덕은 근대극을 표방하는 토월회에 들어가 연기하고, 자신은 시대 흐름에 맞는 희곡을 창작하는 것이 조선 예술 발전에 공헌하는 길이라고 믿었다.

윤심덕의 부모 형제는 맹렬히 반대했다. 배우는 타락한 자의 업이요, 최후의 말로라는 것이었다. 그럼에도 그녀의 결심은 꺾이지 않았다. 그녀는 가출을 감행해 황금정(을지로) 삼정목의 일본인 여관에 투숙하고 연기 연습에 돌입했다. 언론에는 "힘을 다해 새로 지으라는 조선 예술의 전당에 한 모퉁이의 무엇이라도 되려는 당돌한 발걸음"이라고 각오를 밝혔다.

여배우의 길은 호락호락하지 않았다. 미국 영화 〈동쪽 길〉을 번안한 〈동도東道〉는 윤심덕의 연기력 부족으로 관객들에게 실망을 안겨주었다. 오페라 〈카르멘〉에서는 소프라노의

인습에 희생되다

가창력이 빛을 발했으나 너무 그녀에게 기대는 바람에 호응을 얻지 못했다. 흥행을 노렸는데 기대에 못 미치자 토월회는 내분에 휩싸였고 얼마 후 해산하고 말았다.

가족마저 팽개치고 절실하게 도전한 일이 망가지자 그녀는 절망에 빠졌다. 대중가수 변신에 이어 연극 도전 실패로 또다시 비난과 혹평이 난무했다. 그 고통과 상처를 윤심덕은 김우진에게 토로했다. 김우진은 자기 권유 때문에 예술과 사랑의 동반자가 지독한 아픔을 겪고 있는데 인습의 포로가 되어 아무것도 해줄 수 없는 자신이 견딜 수 없었다. 그 책임감과 무력감과 자괴감이 불행한 결심으로 이어졌다. 다음은 김우진의 유고 시다.

그대의 편지를 보고
왜 이리 울어지는지
난들 어찌할 수 있으랴.
나 혼자 나 혼자
그대의 새 생활을 빌면서
먼저 가서 기다리겠노라.[36]

광막한 황야를 달리는 인생

🦋

　　　　　살아 있을 때는 죽고 싶을 만큼 욕하다가 죽고 나면 되살리기라도 할 듯이 숭배하는 게 세상인심이다. 현해탄 정사 사건에도 이런 심리가 깔렸다. 윤심덕을 비난해 죽음으로 몰고 간 것도, 노래에 눈시울 붉히며 그녀를 부활시킨 것도 대중이다.

　1926년 7월 17일 윤심덕은 경성에서 출발해 일본 오사카로 향했다. 닛토축음기회사에서 음반을 녹음하기로 한 것이다. 미국 유학을 떠나는 여동생 윤성덕이 피아노 반주를 위해 동행했다. 레코딩은 일사천리로 진행되었다. 녹음을 마치자 윤심덕은 도쿄에 체류 중이던 김우진에게 전보를 보내 오사카로 오게 했다. 재회한 두 사람은 삶을 정리하는 모습을 보였다.

　김우진은 「두덕이 시인의 환멸」, 「난파」에 이어 동학을 모티프로 삼은 희곡 「산돼지」를 탈고했다. 아내에게 부칠 유언장은 이미 작성해서 보관하고 있었다. 윤심덕은 이오시프 이바노비치Iosif Ivanovici의 기악곡에 직접 가사를 붙였다. 〈사의 찬미〉였다. 이 노래를 음반에 추가하려고 하자 닛토레코드 사장은 곡이 너무 '센티멘털하다'며 염려했다. 하지만 그녀의 간곡한 청으로 추가 녹음이 이루어졌다. 윤심덕은 유서를 남기는 심정으로 〈사의 찬미〉를 불렀을 것이다.

"광막한 황야를 달리는 인생아 / 너는 무엇을 찾으려 왔느냐 / 이래도 한세상 저래도 한평생 / 돈도 명예도 사랑도 다 싫다."

1926년 8월 4일 현해탄 정사 사건은 언론의 집중 조명을 받으며 큰 화제를 몰고 왔다. 그리고 8월 29일 윤심덕의 유고 음반이 나왔다. 기가 막힌 타이밍이었다. 〈사의 찬미〉는 극적인 정사를 배경 삼아 신드롬을 일으켰다. 음반이 무려 10만 장의 판매량을 기록했다. 당시로서는 천문학적인 숫자였다. 그 여파로 국내 음반 시장이 조성될 정도였다. 공장 노동자 월급보다 비싼 축음기가 날개 돋친 듯 팔렸다. 빅타레코드와 콜럼비아사가 이듬해 서울에 대리점을 개설했다. 유성기와 레코드 보관법이 신문과 잡지 생활정보면에 실렸다.

윤심덕과 김우진의 존재감은 시간이 지나도 좀체 지워지지 않았다. 몇 년 뒤 그들을 로마에서 보았다는 목격담이 등장하기도 했다. 김우진의 집에서 목격담의 진위를 확인해달라고 조선총독부에 요청할 정도였다. 윤심덕의 가족은 비슷하지만 조금 다른 반응을 보였다. 사건 당시 일본을 거쳐 미국 유학을 떠난 여동생 윤성덕의 증언이다.

"나와 가족들은 한 번도 언니가 죽었다는 말을 한 적이 없어요. 언니를 죽은 사람으로 만든 것은 항상 남의 말 하기 좋아하는 세상 사람들이지요. 지금에 와서 남이야 살았든지 죽었든지 무슨 걱정입니까? 죽었으면 죽었고 살았으면 산 거죠. 도대체 조선 사회는 왜 이렇게 남을 칭찬하기도 잘하고 욕하기도 잘하는지 모르겠어요."[37]

로마 목격담은 어쩌면 해피엔딩을 바라는 대중의 동화적 상상력일지도 모르겠다. 윤심덕과 김우진은 현해탄에 몸을 던졌을 것이다. 하지만 정사情死였을까? 과연 사랑을 이루지 못해서 목숨을 끊었을까? 그들은 사랑하는 사이였지만 죽음으로 이끈 것은 예술적 동병상련이었다. 근대 예술의 선구자였던 두 사람의 고뇌와 좌절을 읽어야 할 것이다. 1926년 윤심덕의 노래 〈사의 찬미〉가 거리에 울려 퍼지던 그해에 단성사에는 나운규의 영화 〈아리랑〉이 걸렸다. 근대는 대중예술과 함께 한국인의 일상에 스며들었다.

인습에 희생되다

제1장 사랑은 힘이 세다

1 『삼국사기』 백제본기(百濟本記) 법왕 1년.
2 『삼국유사』 무왕.
3 『삼국유사』 무왕.
4 『삼국사기』 신라본기(新羅本記) 진지왕 3년.
5 『삼국사기』 신라본기(新羅本記) 진지왕 4년.
6 『삼국유사』 기이(紀異) '도화녀(桃花女)와 비형랑(鼻荊郎)'.
7 『삼국유사』 무왕.
8 『삼국유사』 무왕.
9 『삼국유사』 무왕.
10 『삼국사기』 열전(列傳) '김유신'.
11 김대문, 이종욱 역주, 「12세 보리공(菩利公)」, 『화랑세기』, 소나무, 1999년.
12 『삼국사기』 열전(列傳) '김유신'.
13 이인로, 『파한집』.
14 김대문, 이종욱 역주, 「15세 유신공(庾信公)」, 『화랑세기』, 소나무, 1999년.
15 『삼국유사』 기이(紀異) '태종 춘추공'.
16 『삼국사기』 신라본기(新羅本紀) 선덕왕 11년.
17 『삼국사기』 열전(列傳) '김유신'.

18 『삼국사기』 신라본기(新羅本紀) 태종 무열왕 7년.

19 『삼국유사』 기이(紀異) '가락국기'.

20 『삼국유사』 기이(紀異) '태종 춘추공'.

21 김대문, 이종욱 역주, 「18세 춘추공(春秋公)」, 『화랑세기』, 소나무, 1999년.

22 『삼국유사』 기이(紀異) '처용랑(處容郎)과 망해사(望海寺)'.

23 『삼국사기』 신라본기(新羅本紀) 헌강왕 5년.

24 『삼국유사』 기이(紀異) '처용랑(處容郎)과 망해사(望海寺)'.

25 성현, 『용재총화(慵齋叢話)』.

26 『악학궤범』 관복도설 '처용관복'.

27 『삼국유사』 기이(紀異) '처용랑(處容郎)과 망해사(望海寺)'.

28 『삼국유사』 기이(紀異) '도화녀(桃花女)와 비형랑(鼻荊郎)'.

29 『신증동국여지승람』 경주부.

30 파울 프리샤우어, 이윤기 옮김, 『세계 풍속사』(전2권), 까치, 2000년.

31 『고려사』 악지(樂志) '처용'.

32 『고려사』 세가(世家) '태조'.

33 『고려사』 고려세계.

34 『고려사』 세가(世家) '태조'.

35 『고려사』 열전(列傳) '신혜왕후 유씨'.

36 『고려사』 열전(列傳) '장화왕후 오씨'.

37 『고려사』 세가(世家) '태조'.

38 『삼국사기』 열전(列傳) '궁예'.

39 『고려사』 세가(世家) '태조'.

40 『고려사절요(高麗史節要)』 태조 5년.

41 『고려사』 열전(列傳) '신혜왕후 유씨'.

42 『고려사』 열전(列傳) '장화왕후 오씨'.

43 강항, 『간양록(看羊錄)』.

44 정희득, 『월봉해상록(月峯海上錄)』.

45 『인조실록』 1638년 3월 11일.

46 『인조실록』 1638년 3월 11일.

제2장 사랑을 배반하다

1   신채호, 『조선상고사』, 백제의 건국과 마한의 멸망.

2   『삼국사기』 고구려본기(高句麗本記) '시조 동명성왕'.

3   이규보, 『동국이상국집』, 동명왕편.

4   『삼국사기』 백제본기(百濟本記) '시조 온조왕'.

5   『삼국사기』 고구려본기(高句麗本記) '시조 동명성왕'.

6   이규보, 『동국이상국집』, 동명왕편.

7   광개토대왕 비문.

8   왕충, 『논형』, 길험편.

9   이규보, 『동국이상국집』, 동명왕편.

10   이규보, 『동국이상국집』, 동명왕편.

11   『삼국사기』 백제본기(百濟本記) '시조 온조왕'.

12   신채호, 『조선상고사』, 백제의 건국과 마한의 멸망.

13   『삼국사기』 백제본기(百濟本記) 온조왕 13년.

14   『삼국사기』 고구려본기(高句麗本記) 대무신왕 15년.

15   『삼국사기』 고구려본기(高句麗本記) 대무신왕 11년.

16   손자, 『손자병법』, 모공편.

17   『삼국사기』 고구려본기(高句麗本記) 대무신왕 15년.

18   『삼국사기』 고구려본기(高句麗本記) 대무신왕 15년.

19   『후한서』 열전(列傳) '동이열전'.

20   『삼국지』 위서(魏書) '동이전'.

21   『삼국사기』 고구려본기(高句麗本記) 대무신왕 15년.

22   『삼국사기』 신라본기(新羅本記) 유리이사금 14년.

23   『연산군일기』 1502년 11월 25일.

24   『연산군일기』 1502년 11월 25일.

25   이긍익, 『연려실기술(燃藜室記述)』, 연산조고사본말.

26   『성종실록』 1493년 10월 27일.

27   『연산군일기』 1504년 3월 20일.

28   『연산군일기』 1495년 3월 16일.

29   『연산군일기』 1504년 5월 7일.

30 이긍익, 『연려실기술(燃藜室記述)』, 연산조고사본말.

31 『연산군일기』 1505년 8월 20일.

32 『연산군일기』 1506년 7월 20일.

33 『숙종실록』 1686년 12월 10일.

34 『숙종실록』 1689년 5월 6일.

35 『숙종실록』 1689년 4월 21일.

36 혜경궁 홍씨, 『한중록』.

37 혜경궁 홍씨, 『한중록』.

38 혜경궁 홍씨, 『한중록』.

39 『영조실록』 1752년 12월 17일.

40 박하원, 『대천록(待闡錄)』.

41 강효석, 『대동기문(大東奇聞)』.

42 혜경궁 홍씨, 『한중록』.

43 혜경궁 홍씨, 『한중록』.

44 『영조실록』 1762년 윤5월 13일.

제3장 사랑의 슬픔

1 성임, 『태평통재(太平通載)』, 지귀.

2 『삼국유사』 기이(紀異) '경문대왕'.

3 권문해, 『대동운부군옥(大東韻府群玉)』, 심화요탑.

4 『신증동국여지승람』 경주부.

5 서정주, 「선덕여왕의 말씀」.

6 정약용, 『여유당전서(與猶堂全書)』, 신덕왕후 강씨의 곡산 본궁 전말에 관한 계.

7 『고려사절요(高麗史節要)』 신우 4.

8 『고려사절요(高麗史節要)』 신우 2.

9 『태조실록』 총서.

10 『태조실록』 총서.

11 이정형, 『동각잡기(東閣雜記)』.

12 권근, 『양촌집(陽村集)』, 흥천사 조성기.

13 『현종실록』부록 '현종대왕 행장'.

14 『고려사』세가(世家) '충선왕 복위년'.

15 『태조실록』총서.

16 『세종실록』1419년 2월 3일.

17 마키아벨리, 『군주론』.

18 『태조실록』1398년 8월 26일.

19 성현, 『용재총화』.

20 『정종실록』1400년 1월 28일.

21 『태종실록』1407년 7월 10일.

22 성현, 『용재총화』.

23 성현, 『용재총화』.

24 성현, 『용재총화』.

25 『성종실록』1480년 10월 18일.

26 『성종실록』1480년 10월 18일.

27 『성종실록』1479년 6월 2일.

28 이긍익, 『연려실기술(燃藜室記述)』, 성종조고사본말.

29 사마천, 『사기』, 전단 열전.

30 강준만, 『한국 근대사 산책 7: 간토대학살에서 광주학생운동까지』, 인물과 사상사, 2008년.

31 박준표, 『윤심덕 일대기』, 박문서관, 1927년

32 박준표, 『운명』, 박문서관, 1924년.

33 박준표, 『운명』, 박문서관, 1924년.

34 이철, 『경성을 뒤흔든 11가지 연애사건』, 다산초당, 2008년.

35 박신애, 「윤심덕 사건에 대하여」, 『신여성』, 1925년 3월호.

36 유민영, 『사의 찬미와 함께 난파하다』, 푸른사상, 2021년.

37 김을한, 「불생불사의 악단의 여왕 윤심덕양」, 『삼천리』, 1931년 1월호.

사랑은 어떻게
역사를 움직이는가
© 권경률, 2023

초판 1쇄 2023년 11월 17일 찍음
초판 1쇄 2023년 11월 24일 펴냄

지은이 | 권경률
펴낸이 | 강준우
기획·편집 | 박상문, 김슬기
디자인 | 최진영
마케팅 | 이태준
인쇄·제본 | 지경사문화

펴낸곳 | 인물과사상사
출판등록 | 제17-204호 1998년 3월 11일

주소 | (04037) 서울시 마포구 양화로7길 6-16 서교제일빌딩 3층
전화 | 02-325-6364
팩스 | 02-474-1413

www.inmul.co.kr | insa@inmul.co.kr

ISBN 978-89-5906-733-6 03910

값 18,000원